吳忠信日記

（1951）

The Diaries of Wu Chung-hsin, 1951

民國日記 ｜ 總序

呂芳上
民國歷史文化學社社長

　　人是歷史的主體，人性是歷史的內涵。「人事有代謝，往來成古今」（孟浩然），瞭解活生生的「人」，才較能掌握歷史的真相；愈是貼近「人性」的思考，才愈能體會歷史的本質。近代歷史的特色之一是資料閎富而駁雜，由當事人主導、製作而形成的資料，以自傳、回憶錄、口述訪問、函札及日記最為重要，其中日記的完成最即時，描述較能顯現內在的幽微，最受史家重視。

　　日記本是個人記述每天所見聞、所感思、所作為有選擇的紀錄，雖不必能反映史事整體或各個部分的所有細節，但可以掌握史實發展的一定脈絡。尤其個人日記一方面透露個人單獨親歷之事，補足歷史原貌的闕漏；一方面個人隨時勢變化呈現出不同的心路歷程，對同一史事發為不同的看法和感受，往往會豐富了歷史內容。

　　中國從宋代以後，開始有更多的讀書人有寫日記的習慣，到近代更是蔚然成風，於是利用日記史料作歷

史研究成了近代史學的一大特色。本來不同的史料，各有不同的性質，日記記述形式不一，有的像流水帳，有的生動引人。日記的共同主要特質是自我（self）與私密（privacy），史家是史事的「局外人」，不只注意史實的追尋，更有興趣瞭解歷史如何被體驗和講述，這時對「局內人」所思、所行的掌握和體會，日記便成了十分關鍵的材料。傾聽歷史的聲音，重要的是能聽到「原音」，而非「變音」，日記應屬原音，故價值高。1970年代，在後現代理論影響下，檢驗史料的潛在偏見，成為時尚。論者以為即使親筆日記、函札，亦不必全屬真實。實者，日記記錄可能有偏差，一來自時代政治與社會的制約和氛圍，有清一代文網太密，使讀書人有口難言，或心中自我約束太過。顏李學派李塨死前日記每月後書寫「小心翼翼，俱以終始」八字，心所謂為危，這樣的日記記錄，難暢所欲言，可以想見。二來自人性的弱點，除了「記主」可能自我「美化拔高」之外，主觀、偏私、急功好利、現實等，有意無心的記述或失實、或迴避，例如「胡適日記」於關鍵時刻，不無避實就虛，語焉不詳之處；「閻錫山日記」滿口禮義道德，使用價值略幾近於零，難免令人失望。三來自旁人過度用心的整理、剪裁、甚至「消音」，如「陳誠日記」、「胡宗南日記」，均不免有斧鑿痕跡，不論立意多麼良善，都會是史學研究上難以彌補的損失。史料之於歷史研究，一如「盡信書不如無書」的話語，對證、勘比是個基本功。或謂使用材料多方查證，有如老吏斷獄、法官斷案，取證求其多，追根究柢求其細，庶幾還原

案貌，以證據下法理註腳，盡力讓歷史真相水落可石出。是故不同史料對同一史事，記述會有異同，同者互證，異者互勘，於是能逼近史實。而勘比、互證之中，以日記比證日記，或以他人日記，證人物所思所行，亦不失為一良法。

從日記的內容、特質看，研究日記的學者鄒振環，曾將日記概分為記事備忘、工作、學術考據、宗教人生、游歷探險、使行、志感抒情、文藝、戰難、科學、家庭婦女、學生、囚亡、外人在華日記等十四種。事實上，多半的日記是複合型的，柳貽徵說：「國史有日歷，私家有日記，一也。日歷詳一國之事，舉其大而略其細；日記則洪纖必包，無定格，而一身、一家、一地、一國之真史具焉，讀之視日歷有味，且有補於史學。」近代人物如胡適、吳宓、顧頡剛的大部頭日記，大約可被歸為「學人日記」，余英時翻讀《顧頡剛日記》後說，藉日記以窺測顧的內心世界，發現其事業心竟在求知慾上，1930 年代後，顧更接近的是流轉於學、政、商三界的「社會活動家」，在謹厚恂恂君子後邊，還擁有激盪以至浪漫的情感世界。於是活生生多面向的人，因此呈現出來，日記的作用可見。

晚清民國，相對於昔時，是日記留存、出版較多的時期，這可能與識字率提升、媒體、出版事業發達相關。過去日記的面世，撰著人多半是時代舞台上的要角，他們的言行、舉動，動見觀瞻，當然不容小覷。但，相對的芸芸眾生，識字或不識字的「小人物」們，在正史中往往是無名英雄，甚至於是「失蹤者」，他們

如何參與近代國家的構建，如何共同締造新社會，不應該被埋沒、被忽略。近代中國中西交會、內外戰事頻仍，傳統走向現代，社會矛盾叢生，如何豐富歷史內涵，需要傾聽社會各階層的「原聲」來補足，更寬闊的歷史視野，需要眾人的紀錄來拓展。開放檔案，公布公家、私人資料，這是近代史學界的迫切期待，也是「民國歷史文化學社」大力倡議出版日記叢書的緣由。

導言

王文隆
南開大學歷史學院副教授

一、吳忠信生平

吳忠信（1884-1959），字禮卿，一字守堅，別號恕庵，安徽合肥人。1900年八國聯軍攻陷北京，光緒帝與慈禧太后西逃，鑑於國難而前往江寧（南京）進入江南將弁學堂，時年僅十七。1905年夏天畢業後，奉派前往鎮江辦理徵兵，旋受命為陸軍第九鎮第三十五標第三營管帶，開始行伍生涯。隔年經楊卓林介紹，秘密加入同盟會。1911年武昌起義，全國響應。林述慶光復鎮江，自立為都督，任吳忠信為軍務部部長，後改委為江浙滬聯軍總司令部總執行法官兼兵站總監。

1912年元旦，孫中山就任中華民國臨時大總統，奠都南京，吳忠信任首都警察總監。孫中山辭職後，吳忠信轉至上海《民立報》供職，二次革命討袁時復任首都警察總監，失敗後亡命日本，加入孫中山重建的中華革命黨。並於1915年，在陳其美（字英士）帶領下，與蔣中正同往上海法國租界參預討袁戎機，奠下與蔣中正的深厚情誼。1917年，孫中山南下護法組織軍政府，吳忠信奉召前往擔任作戰科參謀，襄助作戰科主任蔣中正，兩人合作關係益臻緊密。爾後，吳忠信陸續擔任粵軍第二軍總指揮、桂林衛戍司令等職。1922年，

吳忠信作為孫中山的全權代表之一員，與段祺瑞、張作霖共商三方合作事宜。同年 4 月前往上海時，因腸胃病發作，辭去軍職，卜居蘇州。爾後數年皆以身體不適為辭，在家休養，與好友羅良鑑（字偕子）等人研究諸子百家。

1926 年 7 月，蔣中正就任國民革命軍總司令，誓師北伐，同年 11 月克復南昌後，邀請吳忠信出任總司令部顧問，其後歷任江蘇省政府委員、淞滬警察廳廳長、建設委員會委員、河北編遣委員會主任委員等職。1929 年，因國家需要建設，前往歐美考察十個月。1931 年 2 月奉派為導淮委員會委員，同月監察院成立，又任監察委員。1932 年 3 月受任為安徽省政府主席，次年 5 月辭職獲准後，轉任軍事委員會南昌行營總參議。1935 年 4 月擔任貴州省政府主席，次年 4 月因胃腸病復發加以兩廣事變，呈請辭職，奉調為蒙藏委員會委員長。自此主掌邊政八年，期間曾親赴西藏主持達賴喇嘛坐床、前往蘭州致祭成吉思汗陵，並視察寧夏、青海及新疆等邊疆各地。1944 年 9 月調任新疆省政府主席兼保安司令，對內以綏撫為主，對外應付蘇聯及三區（伊犁、塔城、阿山）革命問題，1946 年 3 月辭任後，任國民政府委員，並當選第一屆國民大會代表。

1948 年 4 月，蔣中正當選行憲後第一任中華民國總統，敦聘吳忠信為總統府資政，復於該年年底委為總統府秘書長。1949 年 1 月 21 日蔣中正引退後，吳忠信堅辭秘書長職務，僅保留資政一職。上海易手之前，吳忠信舉家遷往台灣，被推為中國國民黨中央非常委員會

委員，並任中國銀行董事、中央銀行常務理事。1953
年 7 月起，擔任中央紀律委員會主任委員。1959 年 10
月，吳忠信腹瀉不止，誤以為腸胃痼疾發作，未加重
視。不久病情加劇，乃送至榮民總醫院，診療結果為肝
硬化，醫藥罔效，於該年 12 月 16 日辭世。

二、《吳忠信日記》的史料價值

吳忠信自 1926 年任國民革命軍總司令部顧問時開
始撰寫日記，至1959 年辭世前為止，共有 34 年的日
記。其中 1937、1938 年日記存藏於香港，1941 年年
底日軍佔領香港時未及攜出而焚毀，因而有兩年闕佚
（1942.3.15《吳忠信日記》）。

《吳忠信日記》部分內容，例如《西藏紀遊》、
《西藏紀要》以及《吳忠信主新日記》曾先後出版，披
露其在 1933 年經英印入藏辦理達賴喇嘛坐床大典以及
1944 年出任新疆省政府主席之過程，其餘日記內容大
多未經公開。現在透過民國歷史文化學社的努力，將該
批日記現存部分，重新打字、校訂出版，以饗學界。這
批日記的出版，足以開拓民國史研究的新視角。

（一）蔣吳情誼

蔣中正與吳忠信的情誼在日記中處處可見。除眾所
周知的託其就近關照蔣緯國及姚冶誠一事外，蔣中正派
任吳忠信為地方首長的背後，也有藉信賴之人，安頓地
方、居間調處的考量。如吳忠信於 1935 年 4 月派為貴
州省政府主席，原以江南為實力基礎的南京國民政府，
得以將其力量延伸入西南，在當地推展教育與交通等基

礎建設，並透過吳忠信居間溝通協調南京與桂系關係，
從日記中經常記述與桂系來人談話可見一斑。而薛岳此
時以追剿為名，率中央軍進入貴州，在吳忠信與薛岳兩
人通力合作之下，加強中央對貴州的掌控，為未來抗戰
的後方準備奠立基礎。又如吳忠信於抗戰末期接掌新疆
省務，以中央委派之姿取代盛世才為新疆省政府主席，
一改「新疆王」盛世才當政時的高壓政策，採取懷柔態
度，釋放羈押的漢、維人士，並派員宣撫南疆，圖使新
疆親近中央，這都得是在蔣中正對吳忠信的高度信任
下，才能主導的。當蔣中正於 1949 年 1 月下野，李宗
仁代總統時，吳忠信居間穿梭蔣中正、李宗仁二人之
間，由是可見吳忠信在二人心中的特殊地位。直至蔣中
正於 1950 年 3 月 1 日「復行視事」，每個布局幾乎都
有吳忠信的角色存在。

（二）蒙藏邊政

　　吳忠信長年擔任蒙藏委員會主任委員，關於邊疆問
題的觀點與處置，也是《吳忠信日記》極具參考價值的
部分。吳忠信掌理蒙藏委員會，恰於全面抗戰爆發前至
抗戰末期，在邊政的處置上，期盼蒙、藏、維等邊疆少
數民族能在日敵當前的情況下，親近中央、維持穩定。
針對蒙藏，吳忠信各有安排，如將蒙古族珍視的成吉思
汗陵墓遷移蘭州，以免日敵利用此一象徵的用心。對於
藏政，則透過協助班禪移靈回藏（1937 年）、達賴坐
床大典（1940 年 2 月）等重要活動，維護中央權威，
避免西藏藉英國支持而逐漸脫離中央掌控。1940 年 5
月於拉薩設置蒙藏委員會駐藏辦事處是最成功的宣示，

力採「團結蒙古、安定西藏」的策略,穩定邊陲。吳忠信親身參與、接觸的人面廣泛,對於邊事的觀察與品評,值得讀者深思推敲。

(三)貫穿民國史的觀察

　　長達 34 年的《吳忠信日記》,貫穿了國民政府自北伐統一、訓政建國、抗日戰爭到國共內戰,以及政府遷台初期的幾個重要階段。透過吳忠信得以貼近觀察各階段的施政重心與處置辦法,以個人史或是生活史的角度,觀察黨政要員在這些動盪之中的處境、心境與動態。更能搭配其他同樣經歷人士的紀錄,相互佐證。

三、日記所見的個人特質

　　日記撰述,能見記主公私生活,從中探知其性格與思維,就日記的內容來分析,或許能得知吳忠信的個人特質。

(一)愛家重情

　　吳忠信的愛家與重情,有兩個層面,一是對於家族的關懷,一是對於鄉誼、政誼的看重。家人一直都是他的牽絆與記掛,他與正室王惟仁於 1906 年結婚,卻膝下無子。在惟仁的寬宏下,年四十迎娶側室湘君,1926 年初得長女馴叔,嘗到為人父的喜悅。爾後湘君又生長子申叔,使得吳家有後,但沒過多久,湘君竟因肺炎撒手人寰,年方二十五,使得吳忠信數日皆傷心欲絕,在日記中曾寫道:「自伊去後,時刻難忘。每一念及,不知所從。」(1932.12.31《吳忠信日記》)爾後吳忠信經常前往湘君墳上流連,一解思念之情。湘君故後,吳

忠信又迎娶麗君（後改名麗安），生了庸叔、光叔兩子。不過吳忠信與麗安感情不睦，經常爭執，在日記中多次記下此事的煩擾。吳忠信重視子女教育，抗戰勝利後，馴叔赴美求學，嫁給同樣赴美、專攻數量經濟學的林少宮，生下了外孫，讓吳忠信相當高興。1954 年，或因聽聞林少宮將攜家帶眷離美赴大陸，吳忠信並不贊成，不斷去函馴叔勸其留在美國，如果一定要離開，也務必來台。同年 8 月 6 日，吳忠信獲悉馴叔一家已經離開美國，不知所蹤，從此以後，日記鮮少提到這個疼愛的女兒。這一年年末在日記的總結寫道：「最煩神是子女問題，尤其家事真是一言難盡。」表現出心中的苦悶。

吳忠信相當看重安徽同鄉，安徽從政前輩中最敬重的要屬北京政府國務總理段祺瑞，兩人政治立場並不相容，但鄉誼仍重。吳忠信自段祺瑞移居上海後，經常從蘇州前往探望，段祺瑞身故時，也親往弔祭。對於同鄉後進，無論是在政界或是學界，多所關照，願意接見、培養或是推介，因此深為鄉里所敬重。如 1939 年在段祺瑞女婿奚東曙的引介下，會晤出身安徽舒城的孫立人，在當天的日記中寫道：「〔孫立人〕清華大學畢業後，赴美國學陸軍，八一三上海抗日之後，身負重傷，勇敢可佩。此人頭腦清楚，知識豐富，本省後起之秀。」（1939.9.28《吳忠信日記》）頗為欣賞。或許是命運的作弄，當 1955 年爆發郭廷亮匪諜案時，吳忠信恰為九人調查委員會的一員，於公不能不辦，但於私仍同情孫立人的處境，認為他「一生戎馬，功在黨國，得

此結果，內心之苦痛，可以想見，我亦不願多言，是非
曲直留待歷史批評」。

吳忠信同樣在乎的還有政誼，盡力多方關照共事的
同事。如羅良鑑不僅是他生活的良伴，也是與他同任安
徽省政府委員的至交，兩人都在蘇州購地造園，經常往
來。爾後，吳忠信主政安徽省、貴州省與蒙藏委員會
時，羅良鑑都是他的左右手，離任蒙藏委員會時，更推
薦羅良鑑繼任。1948 年 12 月 21 日，羅良鑑夫婦自上
海前往香港，飛機失事罹難，隔年骨灰歸葬蘇州。吳忠
信在蔣、李兩方居間穿梭繁忙之際，特地回到蘇州參加
喪禮，深為數十年好友之失而悲痛，可看出吳忠信個人
重情、真誠的一面。

（二）做人做事有志氣有宗旨

吳忠信曾經在 1939 年元旦的自勉中，自述「余以
為做人做事，必有志氣，有宗旨，然後盡力以赴，始可
有成。」另亦述及「自入同盟會、中華革命黨而迄于
今，未敢稍渝此旨。至以處人論，則一秉真誠，不事欺
飾，對於人我分際之間，亦嘗三致意焉。」這是他向來
自持的。就與蔣中正的關係而論，自詡亦掌握此一原
則，他在同日又記下：「余與蔣相處，民十五後可分三
個階段，由十六年起至十八春出洋止，以革命黨同志精
神處之；由十九年遊歐美歸國起至二十一年任安徽省主
席以前止，則以朋友方式處之；由安徽主席起以至于
今，則以部屬方式處之。比年服務中樞，余于本身職掌
外，少所建議，于少數交遊外，少所往還，良以分際既
殊，其相處之標準，不可不因之而異也。余在過去十二

年來，因持有上述之宗旨與標準，故對國事，如在滬、在平、在皖、在黔及目前之在蒙藏委員會，均能振刷調整，略有建樹，絲毫未之貽誤；對友人如過去之與蔣，雖交誼深厚，然他人則與之誤會叢生，而余仍能保持此種良好關係，感情日有增進，而毫無芥蒂。……即無論國家之情勢若何，當一本過去，對國竭其忠、對友竭其力，如此而已。概括言之：即「救國」、「助友」兩大方針是也。」

　　由此可知，在吳忠信待人之原則，必先確認兩人之關係，進而以身分為斷，調整相待之禮。他長時間服務公職，練就出一套為公不私的原則，經常在日記中自記用人、薦人之大公無私，此亦為其「救國」、「助友」之顯現，常以「天理、國法、人情」與來者共勉。

四、結語

　　吳忠信於公歷任軍政要職，於私是家族中的支柱。公私奔忙之餘，園藝之樂，或許才是他的最愛。他常在一手規劃的蘇州庭園裡，親自修剪、坌土，手植的紫藤、楓樹、柳樹、紅梅、白梅等在園中，隨著季節的變化而映放姿彩，園林美景是他內心的慰藉。吳忠信1949 年回蘇州參加羅良鑑夫婦葬禮後，短暫地回到自宅園林，感嘆地寫道：「園中紅梅業已開散，白梅尚在開放，香味怡人。果能時局平定，余能常住此園以養殘年，余願足矣。」（1949.2.21《吳忠信日記》）可惜，這是他最後一次回到蘇州，之後再無重返機會，願與天違。

　　這份與民國史事有補闕作用的《吳忠信日記》並非
全出於其個人手筆，部分內容為下屬或親屬經其口述謄
寫而成。1940 年，他就提到：「余自入藏以來，身體
時常不適，且事務紛繁，日記不時中斷，故託纕蘅兄代
記，國書姪代繕。」（1940.1.23《吳忠信日記》）且在
記述中，也有於當日日記之末，囑咐某一段落應增添某
公文，或是某電文的文字，或可見其在撰述日記之時，
便有日後公諸於世的預想。或許是如此，吳忠信在撰寫
日記時，不乏為自己的行動辯白，或是對他人、事件之
品評有所保留的情況，此或許是利用此份日記時須加以
留意的地方。

編輯凡例

一、 本社出版吳忠信日記，起自 1926 年，終至 1959 年，共 34 年。其中 1926 年日記為當年簡記，兼錄 1951 年補述版本；1937 年至 1938 年於太平洋戰爭爆發後，其家人逃離香港時焚毀，僅有補述版本。

二、 古字、罕用字、簡字、通同字，在不影響文意下，改以現行字標示。

三、 日記中原留空白部分，以□表示；難以辨識字體，以■表示。編註以【 】標示。

四、 作者於書寫時，人名、地名、譯名多有使用同音異字、近音字，落筆敘事，更可能有魯魚亥豕之失，為存其真，恕不一一標註、修改。但有少數人名不屬此類，為當事人改名者，如麗君改名麗安、曾小魯改名曾少魯等情形，特此說明。

目錄

總序／呂芳上 I

導言／王文隆 V

編輯凡例 XV

1951 年

1 月 1

2 月 12

3 月 23

4-5 月 33

6 月 53

7 月 64

8 月 74

9 月 88

10 月 101

11 月 113

12 月 124

1951 年（民國 40 年）　 68 歲

1月1日　星期一

今日天氣清和，陽光普照，為台北冬季稀有之氣候，亦係中華民國光明之象徵。今日上午十時，總統府舉行民國四十年開國紀念典禮，我準時前往參加，計到文武官員四百餘人，蔣總統親臨主持。舉行團拜後，總統即席致詞，並宣讀四十年度元旦告全國同胞書。典禮于十時卅分完畢。世界一般人觀察，認為一九五一年大戰不致爆發，我認為昨年既由冷戰轉到韓國、越南局部戰，今年當然更多局部戰，或即演變美、蘇正面開火之第三次大戰爆發。最悲慘是中華民國人之命運，繫于世界大戰之結果。今年中國之局面，可能更趨危險，台灣局面雖安定，但經濟日漸困難，台灣人對內地來的人很多批評與不滿，感情日趨疏遠。為何中央提前台灣自治，又用許多力量幫助台人，其結果難免發生誤會，這是辦理技術不佳與作風太差。深望大家極積團結，共度難關，地方幸甚，國家幸甚。

1月2日　星期二

昨、今兩日到我處賀新年朋友約有百人之多，我亦于昨、今兩日分別回拜。

1月3日　星期三

台中防守司令劉安琪兄上午來晤，據云現在軍事雖有進步，然缺點還是很多，過分宣傳，殊為有害無益，

尤以兵員缺少，各部隊平均祗有七成之數，補充很成問題。又台中選舉市長糾紛，其原因完全是時間與技術不夠之故也。陸心亙偕河北國大代表劉振鎧（號真凱）來晤，劉想競選高雄市長，託我予以幫助。此人頭腦清楚，身體強健，以之為市長，亦適當之人選也。

1月4日　星期四

中共大軍在北韓大勝，再以重大壓力越過卅八度，侵入南韓，圍攻南韓首都的漢城，聯軍苦戰三日後，于昨日放棄漢城，這是漢城第二次失守。如韓國為共軍佔領，其次一目標必定是日本，果日本再為共軍所有，則亞洲完矣。總之共軍居主動，可以自由選目標。中午十二時卅分到台北賓館參加蔣總統新年宴會，計到有總統府資政及國策、戰略兩顧問委員會委員九十餘人。蔣總統席間致詞，謂今年局勢雖較好，前途艱險尚不少云云。

1月5日　星期五

有李玉階者（號涵靜），由鄒海濱介紹來見。此人素來研究宗教，自認對于時局有先知之明，大有預言家之態度，究竟修養如何，非一面之交可以判斷者。請我提字，我提「致中和」三字，並表示以此為我坐右銘。此人五十一歲，我勉其讀易經。

1月6日　星期六

警察總署署長唐縱（號乃建）午後來晤。據云反攻大陸乃時間問題，但到大陸後的諸種問題很難解決，即

以大陸現在遊擊隊而論，雖號稱一百五十萬人，恐不實在，大約打一個對折。其中一半屬于中央者，一半屬于各自為政者，如謀統一，殊屬不易。至紛傳已久之第三方面，仍在活動，尚待疏解，並談許汝為在香港的活動，已與李德鄰有聯絡，與美國方面亦有聯絡。彼此隨便談談，未作結論。

1月7日　星期日

安徽國民大會代表、立法委員、監察委員于本日下午二時，假師範學院舉行新年聯歡茶會，計到五十餘人。推我主席，簡單致開會辭後，各同人先後約有十人發言，多係報告本省同胞遭慘殺、恐怖等等情形，至五時散會。蓋自行憲以來，本省國大與立、監委員聚在一處聯歡者尚為首次，有人主張組聯誼會者，有人反對此議者，決議至二、三月間，再開茶會。至聯誼會應否組織，請大家先行研究，如認為有組織必要，下次茶會再行討論。過去本省人舉行集會，多是鬧無味意氣，無結果，不歡而散，此次茶會情緒熱烈，氣象溫和，為每次皖人集會所稀有。

1月8日　星期一

立法委員馬樹理午後三時來晤。他是菲律濱大學畢業，現在印度尼西亞辦火柴廠，他新近由印尼回台。據云印尼有華僑二百萬人，勢力雄厚，執印尼經濟牛耳，可惜該國脫離荷蘭獨立之先，我國偏重荷蘭，使印尼大為不滿。他認為將來亞洲新興印尼等國家，久受白種人

殖民地不平等之壓迫，感情素惡，不易調整，中國應趁
此機會，與之切實聯繫，發展商業。

1月9日　星期二

　　端木鑄秋晚十時來晤，他新由香港回台北。據云
在港晤見許汝為諸君，他們很想組織與活動，但對台
灣想聯絡，就他們情形，恐不易有結果，他們很想我
（吳）向蔣說話。計談一小時，並云何雪竹即將攜眷
來台居住。

陳式銳批評台灣人

　　據福建國大代表陳式銳兄批評台灣人說，現在政府
工作者，有五種不同歷史人物：（一）反對日本的人；
（二）擁護日本的人；（三）服務偽滿洲國的人；
（四）投靠偽汪組織的人；（五）隨國府來台的人，以
及其他在地方向來不守本分人。以這數種思想、觀感、
習慣、不同人色在台灣作官，當然意見紛歧。何況中央
借重台灣基地，抑或處事欠周，當然使他們目空一視，
隨時隨地有不滿政府之聲云云。我以客觀態度說一句公
道話，中央大流血抗日八年，收復五十年失地的台灣，
並在台灣首先施行自治。內地來台人數重多，賢愚不
等，是所難免，但一般由內地來台的人，無不想與台人
合作，與之幫助。要使人人滿意，是不易做到的，希望
台人不可吹毛求疵，從大者、遠者著眼。就台灣過去與
現在情形判斷，將來中央回大陸，台灣自行紛亂是不可
避免的，甚至大流血。

1 月 10 日　星期三

乘上午八時車回台中。

1 月 11 日　星期四

昨年十二月十九日以前打賀爾蒙拾針，于精神上較為加強。從今日起再繼續打，仍係每兩日打一針。

1 月 12 日　星期五

午後偕麗安訪陳果夫兄，他將于月內移住台北。又去看蔣老太太。

1 月 13 日　星期六

香港美國婦孺撤退，人心已感不安。十一日晚香港邊境，英巡邏隊與中共士兵發生槍擊事件，人心更感恐慌。港政府為應變計，開始動員，強迫登記十七歲以上英國屬民，備于必要時徵服兵役。

1 月 14 日　星期日

行政院政務委員黃季陸、立法委員李慶麐午後來訪。他們為三七五減租，政院派他們來台中考查，一行共十人，黃為團長。陳市長宗熙來談。據云台中民選市長，國民黨提名林金標競選失敗，反對政府楊基先當選市長。黨在台中既無力量，又無辦法，又好說空話，所以林之失敗。楊基先競選宣稱日本人是狗，內地來的人是豬，狗能守家，豬要吃糧食等等反政府口號（楊的祖宗亦是由內地來的）。楊有賄選證據，經呈送上級機

關，不依法處理。此次選舉充分表現政府無能，大失威
信，大失人心，政府在大陸失敗，就是這個作風。

1月15日　星期一

聯合大會政委會通過韓國停戰五原則，其第五項有
關中國者：「停戰協定成立後，即由美、英、蘇、中共
組織機構來解決遠東問題，包括台灣和中國在聯合國代
表問題。」國民政府代表在聯大聲明，痛斥停戰協商，
在遠東投降，將導致在西歐投降，等于整個出賣聯合
國、韓國、中國云云。究竟中共接受與否，要看蘇聯態
度如何耳，台灣前途要看國際演變與大陸機會如何耳。
我們中國事，自家不解決，作人家犧牲品，作人打手，
這是最痛心、最可憐、最可恥的事。

1月16日　星期二

回看杭立武、莫福如、巫建章等。杭赴台北，將出
洋，會見杭夫人及杭之八十五歲岳父，身體強建，神智
清楚。又在巫家會見與其同居之王晉、吳何畏，王曾任
軍長，吳亦曾任軍職。巫、王係合肥人，吳係皖太湖
人，都是有資歷、有經驗，中年少壯將領，可惜間居無
事，將來定可為國家效力。

1月17日　星期三

過去幾天氣候忽寒冷，至攝氏十四度，從昨日又轉
溫暖。

1月18日　星期四

　　黨營事業興台公司職員倪新來台中，為陳果夫搬家赴台北，本日午後來見。據云興台公司即將改組。該公司之失敗，有人事發生奸諜、業務發生貪汙兩種原因，可惜該公司原來基礎甚好，惟用人不當與青年職員生活浪慢，亦是失敗重大因素。

1月19日　星期五

　　中共拒絕聯大所提韓國停戰建議，要求外國軍隊撤出韓國，及美國軍隊撤出台灣，更要求英、美、法、蘇、印、埃、中共組織七國會議，在中國舉行談判，解決遠東問題。停戰建議既已落空，英、法感覺失望，美國務卿正式聲明不能接受。美國請聯合會採集體措施以壓制中共侵略行動，並提六點建議，聯合國雖已予採納，尚未經正式討論通過。其中第六點：「設立一個調停機構，隨時準備中共一旦決定選擇和平時，即發揮其作用，以促成韓國的和平解決。」這就是說美國和平之門未閉。蓋民主國家準備未成，意見又不能一致，為拖延時間計，採備戰言和戰略。共產國家為用一貫方法，仍採打打談談、談談打打戰略，或者假和平有望，真戰爭仍是存在的。以現在情形而論，美蘇隨時可以正面衝突，也就第三次大戰暴發。

1月20日　星期六

　　大難將臨頭，第三次世界大戰範圍必廣大，不論富貴貧賤，窮通得失，更不論山高水遠，地方安危，都難

免浩劫。此皆眾生惡緣之所集，與唯物之所賜也，惟有存善念，行善事，克己恕人，求其在我，則到最後五分鐘，可使心安理得而已。

1 月 21 日　星期日

天氣從昨日起又轉寒，今日大寒節，天氣更寒。蔣總統素來優待邊人，現因將屆陰曆年關，特派總統府第一局曹副局長聖芬來台中，慰問留居台中蒙古同胞。曹約我與他聯名，招待比較重要蒙人晚餐。地點鐵路飯店，時間下午六時，計到白雲梯、李永新、吳雲鵬、白大誠等十七人，我于席中簡單致詞，至八時賓主盡歡而散。新選基隆市長謝貫一兄午後來訪（他赴日月潭遊）。

1 月 22 日　星期一

我與曹聖芬昨晚招待白雲梯等十七位蒙古人，白等十七位復于今晨九時，在沁園春招待我們吃早點，都是江南風味。曹將于今日午車赴屏東，慰問其他蒙人。陳果夫兄全眷今午由台中移台北，我到車站送行。

1 月 23 日　星期二

美國在聯合國代表葛羅斯發表申明，討論台灣問題，任何國際會議如無國民政府代表參加，美國決不出席，並強調台灣問題必須以美國安全問題來決定，美國反對中共進入聯合國。而美國務院發言人說，葛羅斯申明不影響杜魯門總統對台灣政策。就兩種申明，其中不

免小有矛盾，但葛羅斯聲明對中共態度益趨明朗化，及
關閉妥協之門，亦是美國自發表白皮書後，從來未有對
台灣如此之露骨表示也。

1 月 24 日　星期三

馴叔性質忠厚，生活克苦，在他姐弟四人中，以他
用錢最少，而讀書成績亦最好，自小學、中學、大學以
及出洋，從未留級，一往無阻。從小學即住堂，吃盡艱
苦，尤其在抗日期間營養不足，用功過度，好眼變近
視，身體亦感瘦弱。我對馴叔既歡喜，更多遺憾。茲于
本日致其親筆一函，大意如下：

一、你們經濟狀況如何，久擬匯款與你，祇以手續麻
　　煩，遲遲未果，仍擬稍緩設法匯寄。

二、你們身體如何，深以為念，如欠強健，應就近在醫
　　學進步之美國醫治。蓋身體為一切事業之本，務使
　　強健而後已。

三、父與爾母及阿姨等身體都康健，希勿念。申叔繪畫
　　確具天才，在繪畫界中已有成就。庸叔、光叔讀書
　　成績頗佳，知念並告。

　　　　　　　　　　　　父手啟　一月廿四日
少宮均此。

1 月 25 日　星期四

莫德惠日前由香港到台北，昨來台中遊覽，午後
來訪。他說美蘇戰爭今年是蘇聯主動之年，明年起是
美國主動之年，所見與我所見相同。他是社會賢達，
東北人。

1月26日　星期五

　　蔣老太太請我吃午飯。無論做人或做事，都不能離開過去（歷史）、將來、現在，這就是佛家所云三世因緣。所以處世接物，要根據歷史、瞻望將來、把握現在。

1月27日　星期六

　　回拜莫德惠先生，又訪彭醇士兄，談繪畫事。他對申叔的畫及其人頗為贊許，認為必大有前途。劉立法院長建羣與該院倪秘書長烔聲午後來訪。劉來台中係酬勞居住台中立委，上次幫忙劉競選立法院長。

1月28日　星期日

　　申叔本晚八時由台北回台中，係由海岸鐵路，所以到八時始抵台中。

1月29日　星期一

　　中午十二時劉院長健羣在台中賓館招待午餐，我因人客過多，未入席先告退。申叔擬開畫展，本日上午偕申叔拜謁沈成章先生，參觀沈家舊畫，並借舊畫八幅，作申叔繪畫之參考。申叔午車回台北。

1月30日　星期二

　　又打賀爾蒙十針，今日起暫停。台中部防守司令劉安琪招待莫德惠、劉健羣夫婦，及我與麗安等午飯。飯後健羣夫婦赴台南，我到車站送行。

1 月 31 日　星期三

　　魏壽永介紹焦其鳳（號振丹，合肥人）來見。劉係
保定軍校第八期畢業，歷任師長、副軍長等軍職，嗣任
江蘇省政府秘書長。此人文武兼資，前途有望。

2月1日　星期四

午後偕麗安出街散步，大意失足，將右腳墜入陽溝內，左小腿當面骨外皮擦破。蓋在上一星期已失足一次，今又第二次，何不當心乃爾，這是年老目力不夠的結果。查台中街道兩傍都是很深明溝，行人失足比比皆是，為就便當與衛生上說，自以暗溝為宜。我回憶週遊世界文明國家，未見將街道與人行道之間用明溝者。徐佛觀兄家住台中，目前由香港歸來，上午來晤。他對政府現在政策與作風，認為不夠收復大陸。偉國夫婦以舊年將屆，特來辭年。

2月2日　星期五

聯合國大會以空前速度通過政委會激辯已七星期，美國譴責中共為侵略者建議案，表決結果是四十四票對七票，九票棄權。此案成立，則美軍在韓可謂師出有名，美政府方可對人民交待，由此可知美國尊重民意與民命矣。

2月3日　星期六

精誠合作為一切事業之本，能合作才能產生力量，要精誠始能促成合作。無論為人處世，均須以合作為前提。

2月4日　星期日

今日是農民節，政府及台灣各地熱烈慶祝。近年台灣農業生產，如稻作物，收成已超過日治時代。

補錄四十年一月廿一日致申叔信論經商

申叔因各種機緣不湊巧，暫停讀書，學習商業。適翁如新與友人經營中美藥房，翁為副經理，翁願此位讓申叔，每月薪水七百五十元。翁之隆情，令人感佩。申叔既負此大責任，特作函予以指示。

申叔覽：

一個青年人初出茅廬經商，對于社會商場無道德惡習慣，當然看不慣，當然不能被其同化，但須隨時隨地設法預防，自己必須走合理合法道路。今有八個原則書于後：

一、在商言商，勿論政治，勿違國法，勿逃國稅。

二、穩紮穩打，先保本錢。

三、顧及股東利益、同人福利。

四、開支要小，須從各方面節減，最忌假場面、假漂亮。

五、由小賺錢、常賺錢，聚集起來等于大賺錢，切忌小賺大敗。

六、不要投機，倘人家投機大發財，不要眼紅。自己錯過機會，不要懊悔，更不要因錯過機會，不管後來機會好壞，隨便亂投，必至大失敗而後已。

七、對同事有限度寬大，不可太過，亦不可不及。嚴防貪汙、嚴防招謠、嚴防間諜。

八、注意貨物霉濕腐壞。

以上各項係經營商業的人應該注意之犖犖大者，做其他一切事宜，可由此類推，都是這個道理。醫學亦然，例如病人，首先要求不加重、不變化，再求小進步。到小進步時，嚴防反覆，再尋小進步醫治方法，達

到康復。迫康復後，還要時時留心，否則一經反覆，可
能較元始病情加重，則難醫治矣。

父啟　四十、一、廿壹

今日（二月四日）有丁永安（號靜溪，壽縣人）以
新聞評論社記者身分來見。自稱行伍出身，在軍營自己
讀書，得考軍校第十七期。現任記者，要替我作一篇宣
傳文章，當被婉謝。

2月5日　星期一　大除夕

今日致申叔函錄于後：

據如新云：「你是很聰敏的，很有前途的，但性情
太急，看事太易。」無論做什麼事，都有一定道理與時
間性的，成語所謂「水到渠成，瓜熟蒂落，欲速不得，
忙中有錯」，這都是教人處事不要性急的方法。至于
事之難易，就相對論而言，事無難易之分，蓋難事往往
易成，易事往往難成，就是說難事如當心去做，也易成
功，易事如不當心去做，也難成功的。不管事之難易，
總要小心謹慎，從客觀方面詳細研究，以立于不敗之地
為原則。如心對你十分真誠，他在商場經驗特別豐富，
你要處處請教他，處處採納他的意見，精誠合作，則前
途必定光明。如新正月初一日（星期三）回台北，我因
台北無事，擬常住台中修養身心，有事則隨時前來。台
北終日落雨，不見太陽，倘藥房可以請假，你何如來台
中休息數日，曬曬太陽，並可談談繪畫。

時居新喜，為爾母祝福。

父手啟　除夕

2 月 6 日　星期二　辛卯年元旦

昨夜、今朝砲燭不斷，除舊迎新。今日台中日暖風和，如江南暮春景色，大家都是歡喜過農曆年，彼此賀年，仍如往昔。平民生活業已提高，穿新衣，紅男綠女，熙熙攘攘，街頭玩耍，十分快慰。大商店在去年過程中，大多欠佳，而小商店不但可以維持，而且可以賺錢，擺地攤者，更可賺錢。惟由大陸來的公教人員及中產階級者，生活日漸低落，均感今年生活大有不能支持之勢，將入于悲慘境界。到我家拜年很多，我于午後出門回拜。

2 月 7 日　星期三

今日出門回拜新市長楊基先、舊市長陳宗熙等。民政廳長楊肇嘉等來拜年，因出門未遇。馬樹理家住台南，本人在印尼經商，現在移住台中，今午後來見。據云即將赴印尼，又云印尼地廣人稀，物產豐富，未開發的很多。該處有華僑二百萬，中國應向該處發展。

2 月 8 日　星期四

午十二時約彭醇士、李先良、佘凌雲、巫建章、吳何畏便飯。這是我家來台灣第一次請客，並且是自家辦菜。午後再出門拜客，計有潘佑強等數人。潘係黃浦軍校第一期，湖南人，身體強健，精神飽滿，正是做事年齡。

2月9日　星期五

　　美國日前舉行第五次原子試驗，在三百英里以外洛杉磯，閃光出現後二四分鐘，住宅的窗子也被震動，加利福尼亞大學校舍亦然。聲音速度，大略每分一、○○○英尺。又美國陸軍參謀長宣稱：「在不太遠將來，陸軍將有原子砲彈，不太久後，也將有頭部有原子彈設置飛彈。」這個發明已使原子武器戰略全部改觀，這是決定戰爭勝負最大力量。

2月10日　星期六

　　今日上下午仍是出門回拜客人，今日天氣很暖和。

2月11日　星期日

　　美國助理國務卿魯克斯重申美國對台灣立場：「反對侵略者武力攫取，非但經濟援助，而給予選擇軍事援助。對台灣將來，必須和平國際來解決。」此一申明對台灣更加一層有力保障。聯軍昨日再攻入韓都漢城，此為聯軍在漢城兩進兩退血戰之結果。聞共軍損失頗重，漢城已成一片焦土。中共人海戰術，頂不住美國火海戰術，是必然之因素。

2月12日　星期一

　　午後偕麗安出外散步。本日致申叔一封信如下：

申叔覽：

　　無論辦什麼事，以簡單、不矛盾，乃易成功。你現必定煩惱，皆因「調養身體、經營商業、準備畫展、計

劃讀書」四件事不能確定之故也。我認為調養身體為第一，其他三件只能順應自然，否則終日煩惱，于身心大不利也。究竟如何較為妥當，望就近請教周、曾兩先生，必多裨益也。

2 月 13 日　星期二

今日發胃痛，皆因受涼與不戒飲食。

2 月 14 日　星期三

十一日所載日記，聯軍入漢城消息不確，乃係斥堠入漢城，嗣又退出。

2 月 15 日　星期四

美國史學家比爾德之名言：「一、瘋狂爭權者必亡；二、天網恢恢，疏而不漏；三、損害他人，實幫助他人；四、黑暗之丕，即光明之始。」此種道理在中國儒家、道家以及各家聖賢說過很多，並且澈底。

2 月 16 日　星期五

李子寬兄因佛教會事，昨由台北來台中，今晨來晤。據云許汝為等確係想來台灣與蔣合作，必須我到香港見面，然後同來。李上次來晤，亦是如此說法，請我向蔣說話，拉攏蔣、許。我答曰，許前在港報發表談話，很生阻礙，聞洪蘭友等現正在港與許等接洽，俟洪等回台，再行酌奪情形，而後決定可也。

2月17日　星期六

乘中午車赴台北，崇年等車站迎接。近日氣候甚寒。

2月18日　星期日

昨年陽曆昨日（十七）是陰曆庚寅年元旦，相差十二天之久。上午李崇年、周昆田等來談話，均主個人生活要克苦，知識勿落伍。午後偕申叔訪畫家黃君璧、馬壽華，又訪黃金濤等。

2月19日　星期一

山西太原前年淪陷，有五百人集體殉國，現在台北建立五百完人成仁招魂塚。今日上午九時，在圓山舉行招魂塚揭幕及公祭典禮，蔣總統親往揭幕主祭，我準時前往參加與祭。陰曆過年我雖在台中，但來台北寓拜年者仍有六十餘人，故于今日偕伯雄、彥龍，擇其必須回拜者二十餘家，分別予以回拜。

2月20日　星期二

下午三時出席中央評議委員、中央改造委員座談會，商討黨政關係及聯合戰線問題。經各評議員發言，因關係重要，情形複雜，而時間已六時半，不及作結論，隨即散會。

2月21日　星期三

于右任先生有病，昨、今兩次往視。據醫生云，因

年老，小血管發生硬化，必須不見客、靜修養。現在病
勢好轉，尚臥床中。張岳軍兄上午來訪，談談時局。

2 月 22 日　星期四

鄭彥芬兄在美宣導僑情黨務事畢，頃已返國。中央
改造委員會特定于本月廿二日（今日）正午十二時半，
假公園路台北賓館餐敘歡迎，約評議委員作陪，我準時
前往參加。鄭氏報告在美之經過情形，認為黨務有很
好地方，亦有很不好地方。連日見客甚多，多是拜訪性
質。今日午後台北防空大演習。

2 月 23 日　星期五
記本黨台中市改造委員會主任委員之糾紛

台灣省改造委員會任命馬存坤為台中市改委會主任
委員，皖籍立法委員劉啟瑞兄甚為憤慨，列舉馬存坤以
前殘害忠貞黨人，係待審未決現行犯等事實，提供人
證、物證，向中央改造委員會檢舉，印行小冊，詳記過
去情形，提請黨內各負責者注意，義正辭嚴。余因安徽
同鄉關係，對此案意見為：（一）囑馬存坤就職後，短
期內辭職；（二）暗示馬勿就職；（三）先明是非，秉
公處理。當囑劉啟瑞暫勿散發小冊，並電知中央改造委
員會第一組主任陳雪屏，陳並表示公平辦理。馬存坤曾
于廿一日兩度來謁，廿二晨乃召劉啟瑞來寓商談，忽接
馬函云已于今晨（廿二）前往台中就職矣。余以馬驕氣
逼人，而劉啟瑞不得不散發小冊，事態之新發展，確與
馬存坤不利。廿二午應改造委員會歡迎鄭彥棻歸國之

宴，晤省黨部主任委員倪文亞。倪約談此事，據倪云曾
令馬暫緩赴台中就職，茲竟不聽前往，殊屬錯誤，倪當
即電令馬勿就職，並囑其即返台北。本日（廿三）下午
一時許，馬來謁談，請我指示。余以事情發展至此地
步，在同鄉團體情感調處，已成過去，不便再有所主
張，囑向中央請示。旋劉啟瑞來，余亦告以上述意見，
劉認為滿意。按情理言，此事祇有是非問題，因當事者
事先任用未能慎重，事發後措置失當，致釀成嚴重錯
誤。余以黨員及同鄉身份，已盡最大努力，幫忙馬存坤
者，確是幫倒忙。馬存坤最後只有辭職一法耳，而中央
改造委員會大失威信矣。

2月24日　星期六

　　午後看于右任先生病，仍臥床未起，說話舌根仍
僵。脈低至五十二跳，忽快忽慢，表現心臟衰弱，希望
勿發生新病。午後五時半至總統府出席本黨小組會議，
計到張岳軍、吳鐵城、朱騮先、時子周、邱昌渭、端木
鑄秋、王世杰等，討論聯合戰線問題，各人都有發言。
我曰現在海內外活動者，大多是國民黨員，先從國民黨
團結做起，則一切問題自易解決。

2月25日　星期日

　　午後訪吳鐵城、張岳軍。張贊成我的團結主張，他
並主張許汝為等在香港自既有組織，台灣應與他們聯
絡，容納他們組織。李子欣晚間來訪，暢論政治、宗教
一般道理。

2 月 26 日　星期一

　　許汝為世兄培之來云，擬明日回香港，特來辭行，問我有無信帶與伊父。當託培之轉告汝為先生的話：

一、我與你父親是多年老朋友，對他很關心。

二、我在國民黨有悠久歷史，一向主張黨內團結的，過去如此，現在更如此。

三、早想到香港與汝為先生見面，不過現在機會未到。

四、請代我向你父親、母親問好。

2 月 27 日　星期二

本日致庸叔函令其練字

庸兒覽：

　　你的字太一塌糊塗了，使人家看不清，頓時生一種不好印象。字是代表一個人心境與行為的，看見你的字，就知道你是一個亂七八糟的人。務望趕快練習，趕快改正，否則你書讀再好，決無前途的，必定影響你一生福澤，實在太重要了，萬萬不可以等閒視之。

　　何雪竹、端木鑄秋先後由香港回台北，先後來晤。暢論香港許汝為等活動情形，認為我能前往代表台灣與彼等接洽，必多收穫。

2 月 28 日　星期三

　　光陰過得真快，今日陰曆正月廿三日係申叔滿十九歲生日，中午吃麵，除我與惟仁夫人及曾伯雄弟外，並約周昆田、翁如新一同參加。申叔既因身體關係暫停讀

書，而最使我滿意者，是繪畫已大有成就，將來必負
美術大名。現在決定準備開畫展，果能于十九歲公開展
覽，真是歷史稀有之才也。有陳運生者（號協平），合
肥人，由余克裕陪同，于午後來見。陳現在財政部任主
任秘書，此人辦事經驗豐富，前途很有希望。

3月1日　星期四

今日係蔣總統復位一週年，台灣各地舉行慶祝。過去一年使地方日漸安定，一切都有進步，惟今後經濟困難，日甚一日，頗堪注意。回看馬步青。在民國卅年我處理西北問題，步青誤會我偏重馬步芳，日前特向步青表示，從前步青由河西撤駐柴達木，我的好意以及當時情況，步青很諒解。昨晚端木鑄秋再來談香港許汝為等問題，作一個結論，如于大局有益，須我赴港一行，我可考慮，並與鑄秋同往，決不自請前往也。現在政府疏散市民，極積準備防空。本日午後偕昆田等到中溪村鄉間徐君佩家中訪問，萬一空襲，或到該處暫避。就當前國際形勢，美第七艦隊既已防衛台灣，中共決不敢冒險，我們認為當前台灣是無問題的。

3月2日　星期五

乘上午八時半車回台中，因謝應新赴豐原布廠工作，麗安到車站迎接。應新此次到布廠工作，有兩個原因：一、我們已感困難，對謝只有飯吃，沒錢用；二、年少人如不做事，日久恐養成懶惰性質。謝早去晚歸，亦甚辛苦，因此我們買菜，由麗安每日親自上街辦理。

3月3日　星期六

最近三日天氣很冷，著絲棉袍仍感不暖。去年此時，亦是如此。

3月4日　星期日

上午九時偕光叔到台中圖書館，參觀劉峨士先生畫展。劉北平藝術學院畢業，嗣在故宮博物院服務，此次展覽，山水、花卉、翎毛、人物，莫不盡具，約有一百數十幅。可以說是全部臨摹故宮古畫，極少極少是創作，但劉之毅力與用功、苦幹之精神，可見一般矣。

3月5日　星期一

今晨偕麗安到蔣家，始知蔣老太太有病，臥床未起。緣于昨日午後，嘔吐、頭發暈、兩手發麻，血壓一百八十度，惟神智甚清，說話不十分清楚，今晨可吃稀飯與牛乳。大概係輕的重風，修養相當時期，即可痊愈。

3月6日　星期二

陳伯蘭夫婦今日上午來訪問，他此次來台中，係送他男女公子考學校的。我問陳香港情形，他說許汝為等不易成事。倘第三次大戰爆發，中共可能進攻香港，以中共無海軍，即或攻下，亦不易守的。

3月7日　星期三

上午八時半偕麗安看蔣老太太病，經三日診治與修養，病勢大有起色，已能在床中坐起。惟既經初次輕的重風，今後隨時可以復發的。緯國夫婦及翁如新均已趕來台中，蔣老太太心中更為愉快。上午九時回拜陳伯蘭，並在陳處遇見海南最後撤退鄭師長蘭鶴，此人短小

精幹。

3 月 8 日　星期四
商業行為與工業行為之比較

　　商業行為者，事業很難發展，個人亦很難進步，也難長久的。工業行為者，事業可以發展，個人亦可以進步，也易長久的。

3 月 9 日　星期五

　　我前次致馴叔函，擬匯款與他們，並囑其注意身體康健。昨晚申叔由台北來電話，已接馴叔復函云：「現在不需款項，身體亦好。」聞之十分快慰。

3 月 10 日　星期六

　　上午偕麗安看蔣老太太病，更有進步，惟尚要臥床修養相當時間。中央改派現任立法委員黃通（號更夫）為台中市黨部主任委員。黃本日午來見，並擬于十五日就職，請我于是日前往參加典禮，我尚未肯定允許參加。黃少壯有才，又有辦黨經驗，此次台中市主委人選可謂適當，對台中黨務發展當可預期也。

3 月 11 日　星期日

　　台中市今日選舉各區區長，我家屬于西區，我于上午十一時偕麗安前往投票。惟仁夫夫偕居夫人、錢夫人，昨日由台北來台中，看蔣老太太病，均住宿蔣家。今日午車仍一同回台北，我偕光叔到車站送行。

3月12日　星期一

陳伯蘭夫婦即將回台北，上午來辭行，莫副軍長福如陪陳同來。陳精神飽滿，與我家間壁鄰居。劉司令安琪住宅讓胡前總司令宗南居住，劉家移大同路育才街存仁巷廿六號，劉夫婦午後二時來辭行。劉與我家作鄰將一年，彼此相處適宜。

3月13日　星期二

因麗安太歡喜庸叔、光叔，我特寫一字條黏于牆壁。其文如後：

沒有人不心愛兒子的，往往成見太深、主觀太重，就是兒子萬分不好，亦認為是好的。終日在不合理的心愛，慢慢養成莫明其妙的逆愛，最可憐，他自己還不知道，這是百分之百害兒子呀。

3月14日　星期三

昨日台北轉來方希孔（治）介紹台灣大學皖籍學生同鄉會代表宋懷玉、張元來見名片，及該學生等致國代立監委聯會公函，及致我個人函。其內容係因學生困苦，請用聯誼會名義接洽放演電影籌款。今日特函告希孔，國代、立、監委並無此項聯誼會之組織，來函亦交希孔轉還學生，並請希孔向學生說明。但學生困難，我素具同情，如何援助，請希孔就近在台北與同鄉諸公交換意見，以期有效。至在其他學校讀書皖籍困難學生，亦應一併注及，另由光叔函宋學生代表，往謁方希孔。

3 月 15 日　星期四

據云台灣全省一日間有十六個不同氣候，每一個地方，一日間亦隨時多有變化。蓋冷熱有如此懸殊，稍為大意，即生疾病，必須時時注意衣服。倘穿脫衣服怕費事，其結果必定誤事，就是散步逛街，亦要隨帶衣服，夜間亦是變化無常。聯軍再佔漢城，該城經幾次拉鋸大戰，已成一片焦土。韓人何辜，遭此浩劫。

3 月 16 日　星期五

台灣當前之態勢

台灣自去年美國第七艦隊來台協防後，台灣地位雖較穩固，台灣軍事即為之凍結，不能自由行動。嗣需要經援，繼之需要軍援（武器），但美國有見丁過去在大陸援助之失敗，此次不管何種援助，都要派美人管理，一步不鬆，其凍結程度，也隨援助程度而增高。因此國民政府在台灣自主程度日漸低落，有不得不為美國馬首是瞻者，這都是國民黨無能與失信，自己造成的。

3 月 17 日　星期六

前日（十五）是陳行政院成立一週年紀念，蔣總統訓話中，有「行政院一年來埋頭苦幹，不為虛偽宣傳，且能精誠團結，分工合作，不爭功，不爭權，更不互相推諉責任。」倘在大陸時，果能如此，何致失敗若是。蔣總統十五日晚，向美國退伍軍人協會會長科克宣稱：「一個台灣島嶼，顯然不能擔負大規模登陸戰全部費用，大陸上今日情況，于國軍登陸後，亦不可能自給自

足。中國國軍有向大陸反攻足夠人力，不過需要適當援
助。」這一段話很老實，美國最願聽的。假定從前在
大陸上肯說老實話，何致使美國白皮書，批評中國無
信用。

3月18日　星期日
補錄三月五日致申叔函論四時八節

　　四時「春、夏、秋、冬」，八節「立春、立夏、立
秋、立冬、春分、夏至、秋分、冬至」，其中有最深陰
陽道理。又有說「冬至一陽生，春分萬物發」，就是說
從冬至到春分，是生物變化時機。再以冬至與春分之比
較，則春分對于人之宿病轉變很大，甚過于冬至。本年
春分是三月廿一日，即陰曆二月十四日，你母親素有心
臟血壓舊疾，在春分前後，應該特別注意為要。

3月19日　星期一

　　李先良招待我與麗安午飯，同坐有沈成章夫婦及沈
之萬（鵬）兄。我前在皖省任主席時，之萬曾在安徽任
行政督察專員，嗣又在四川任專員十年之久。之萬江蘇
吳江人，現年六十九歲，新近由台北移住台中模範東巷
卅四號，與我家是近鄰。曾伯雄來電話，皖國代、立、
監委金幼洲、湯志先、范苑聲等公函，擬于本月廿五日
開國代立監委聯歡茶會，要我出席主持，我以身體不適
辭謝。

3 月 20 日　星期二

上午回看沈之萬兄，並遇見與沈同住，沈之表兄仲老先生（名頤，號浮山），年七十三歲，吳江縣人，係現任立法委員仲肇湘之父。仲老精神矍鑠，長于詩文，一望而知是中國上等讀書人。仲老善于收藏書畫，與故友羅佶子先生極友善。

3 月 21 日　星期三

李崇年兄先後介紹曾伯雄在台北交通銀行附屬紗廠工作，介紹謝應新在豐原布廠工作。值此人浮于事，一般生活困難之際，能謀此位，實屬萬分不易。曾、謝二人隨我來台，照料我家將二年。他們年富力強，正有為之時，我不能耽誤他們光陰，又無力量維持他們。今崇年為其介紹工作，解我困難，十分感激。

3 月 22 日　星期四

前兩日天氣很熱，可著單衣，今日突轉變，著絲棉袍。變化甚大、甚快，很容易生病。

3 月 23 日　星期五

上午李先良兄過談，他認為中央政校同學將二萬人，無人領導，很可惜。李任青島市長，該校唯一露頭角者。

3 月 24 日　星期六

現在香港調景嶺安徽難民，流落異域，情殊可憫。

安徽國代、立、監委員及孫總司令立人先後來函，擬發
啟募捐救濟，徵我同意，當即復孫贊同。我本擬在台中
多住時日，以資修養，因此擬于下星期三（廿八日）赴
台北，與彼等面商。

3月25日　星期日

今日陰曆二月十八日，我六十八歲生日，其感想
如後：

一、自廿四歲回合肥故里吳家店住三日後，迄今四十四
　　年未回故里。既未能祭掃祖墓，更未能于父母下
　　葬時扶棺，為人子者，罪該萬死。然數十年來，
　　每年家祭，皆惟仁夫人敬謹主持，減我罪惡，無限
　　感謝。

二、我一生最吃虧者，父母去世太早。中國書未讀好，
　　外國文又不識，無人幫忙，無人提攜，全憑個人孤
　　軍艱苦奮鬥。

三、做人為何能在社會站得住，未遭毀謗者，就是做人
　　勤檢謹慎（少嗜好），做事守分負責（能始終）、
　　不爭名利（無仇人）、不說謊話（有信用），寧可
　　人負我，不肯我負人。自問個人處世，對天地鬼神
　　可告無愧，其未能安定社會民生，與夫對國家民族
　　未有交代，萬分焦慮，萬分遺憾。

父母生死日期，父死我一歲零二十一天，母死我六歲又
一月零八天。父生于道光二十八年正月十七日寅時，
終于光緒十一年三月初九日寅時。母生于道光廿八年
十一月廿三日丑時，終于光緒十六年三月二十六日

亥時。

3月26日　星期一

聯軍再佔漢城後，聯軍統帥麥克爾瑟申明，聯軍力量可以統一韓國，必要時可以轟炸中共大陸補給基地（指東北），並表示願意會晤北韓軍隊領袖，談判停火事宜。這是麥帥可戰可和非常強硬態度，聯合國當局很多表示驚異，恐戰事擴大，影響蘇俄。美國務院認為麥帥申明具有深厚外交口吻，事先未得政府同意，有越權之嫌。但國防部長馬歇爾說，麥帥有權越過卅八度。在韓國每一軍事行動，都有政治意義。

3月27日　星期二

我國在聯合國首席代表蔣庭黻兄此次回國述職，本午到台中。我在台中賓館與蔣見面，因時間不夠，人客多，未及多談。蔣擬于明日赴日月潭遊覽。蔣曾任行政院處長，與我是老同事。蔣湖南人，留學美國，讀歷史，得博士學位。

3月28日　星期三

偕李先良兄回看劉東岩兄，劉係新近由台北來。劉少壯聰敏，能說、能寫，而腿能行，係有為能幹的人才。昨日、今朝都是暴熱天氣，忽然下午四時劇變為淒風冷雨，由單衣忽換棉衣。台灣俗語有「即脫即著，不用吃藥」，這兩句話是很正確的，否則隨時要傷風的。

3月29日　星期四

近一月來都是讀論語，愈讀愈覺有味，並選擇手抄，以便隨時熟讀，為年老時修身、處世、救國之基本。

3月30日　星期五

偕麗安于午後四時看蔣老太太病，他現在已能起床。惟經此次重風，雖屬輕微，但如不好好調養，隨時可以再發。

3月31日　星期六

再訪仲浮山老先生，看他收藏字畫，確有許多精品。原擬本星期三赴台北，因無事，故暫緩。現因皖難民募捐救濟事，擬明日前往台北。

4月1日　星期日

乘中午車赴台北，車中遇國防部第二區薪餉驗放組少將組長袁進機，浙江人。據袁云每一兵士都有手冊，上黏本人相片，放餉時點名，對手冊照片，這個辦法，軍官再無法吃空名。袁又云軍隊確有進步，士兵精神飽滿。郭寄嶠下午七時招待立法委員延國符、胡維藩、鄧翔宇等，以及國防醫學院物理醫學系主任教授醫學博士吳靜（號清源，天津人）。吳是 X 光專家，通六國語言，當前醫學人才。吳即將赴日講學，寄嶠特順便為吳餞行，特臨時約我參加。

4月2日　星期一

范立法委員苑聲來談安徽流落香港難胞救濟辦法，業經組織救濟委員會，現正分頭勸募中。

4月3日　星期二

上午十時參加總統府第一次月會，出席總統府、五院、省府等高級職員三百餘人，蔣總統親臨主持，領導行禮後，即席致詞。本晚七時青年黨招待蔣庭黻晚餐，約我作陪。端木鑄秋日前由香港回來，今日來見。據云已晤許汝為等，他們雖無實力，但形勢將成。許等仍希望我（吳）赴港一行，我認為以現在情形，我去于公于私均無益。

4月4日　星期三

回看周佩箴兄，他新由香港移眷來台北居住。白健

生在中心診所割盲腸，特于上午十一時前往該所慰問，
經過情形良好，現在已能下床。交通銀行總經理趙志垚
兄來談。據云當前經濟確係困難，若無補救辦法，將由
困難而至危險。其補救之法不外：一、希望美援；二、
希望美國及菲律濱將凍結我國之款，予以解凍；三、預
期出售、出口貨物（糖、樟腦、茶葉等），先收定款。
這三個方法，都不易辦到的。

4月5日　星期四

中午十二時卅分，蔣總裁招待評議委員等午餐，我
準時前往參加。席間改造委員會秘書長張其昀先生報告
反攻大陸後，對于處理土地之方法，是一個原則，尚待
研究。

4月6日　星期五

美國眾院議長雷朋四日午後在眾院演說，提出警
告，美國已面臨可怕危機，可能導致第三次大戰爆發。
他深信美國將臨較一九四五年以來任何時期更為大的，
擴大戰爭的危機。合眾社詢麥克爾瑟已獲准應付敵空軍
攻勢，轟炸東北。又詢麥克爾瑟，表示使用國軍時機已
到，讚同開闢第二戰場，亞洲勝負，關係全局。聯合社
東京電，傳聞俄機三千架集中東北機場，支持共軍攻
勢。就各方情形推論，大戰到美蘇正面接觸，似覺尚有
相當時間，但因素太多，亦可隨時爆發。

4 月 7 日　星期六

下午李運啟、陳漢平先後過談。據運啟觀申叔畫，認為進步之速，有一日千里之勢。陳漢平現任中央改造委員會第七組副主任，該組管理黨營事業。陳說當前財政、經濟均走入艱難途中，很難想出補救方法，倘在一年前黃金充足之際，有良好計劃使用，最後就是困難，斷不致有如此之速，此皆人謀不臧也。

4 月 8 日　星期日

台北雨季已經二、三月之久，我到台北一星期之久，總是落雨，未見太陽，很不舒適。連日見客或拜客，因離台北日久之故也。

4 月 9 日　星期一

李崇年、顧墨三、洪蘭友今日先後來訪。據崇年云，當前經濟雖感困難，暫時可勉強支持。據墨三云，軍事雖有進步，惟反攻大陸，深感兵員、糧餉之不足。據蘭友云，他新由香港回台，關于所謂第三方面新勢力許汝為等，與台灣距離甚遠，惟望台灣寬大為懷，容納各方。就李、顧、洪三人所談，有關軍事、政治、經濟都成問題，都能影響反攻大陸，最後一句話，還是看美國如何援助耳。

4 月 10 日　星期二

今日政府打擊金鈔投機，下令嚴禁買賣，准許持有，需要時向台灣銀行兌換，如有違反，除沒收外，並

加懲處等等。這是用政治緊急措施，過去在大陸上如此
類辦法，已數見不鮮，惟望勿蹈大陸經濟失敗之覆轍。
蓋經濟問題應當用經濟道理來解決，不是用政治可以解
決此問題者，這是一般之常理也。

4月11日　星期三

　　美國總統杜魯門下令解除麥克爾瑟元帥下列職務：
盟軍遠東統帥、聯合國統帥部總司令、遠東總司令，及
美國遠東軍司令，以現在韓國指揮作戰第八軍軍長李奇
威繼任麥氏職務。杜魯門申明免麥帥職務原因，麥帥曾
公開反對元首政策，尤其麥帥關于運用中國國軍相衝突
的政策。杜魯門又說，麥帥是美國歷史最偉大統帥官，
曾對美國作卓越特殊之貢獻。罷免統帥是美國歷史第七
次。此消息傳出，在遠東各國家極表震驚，歐洲各國家
表現一陣愉快，而又震驚。一般都認為麥帥在第二次大
戰、太平洋戰爭時，已證明他是一個卓越將領，佔領日
本成就，表現出優異才幹。美共和黨一致對麥帥免職均
表不滿，認為美國在遠東地位危險，認為這一行動乃是
遠東慕尼黑第一步，國際變化今正開始。前總統胡佛惋
惜麥帥免職，認為足以造成美國大悲劇。菲律濱眾院議
長說，是民主對共產一大挫折。麥帥是中國好友，同情
中國，這件事台灣最關心，國際變化可能將中國國際地
位減低。

4月12日　星期四

一、每一個人一生的窮通得失，多受習慣之支配，每一

個人多不知道自己習慣，更不知道習慣之優劣，要時時予以檢討。

二、無論對人、對事，態度應相當明朗化，往往一件很好的事或沒有事，因態度若隱若現，不明朗（如同作畫氣韻），使人懷疑，使人討厭，更使人不信任，乃致發生大誤會，大糾紛。

三、我託人家事，或人家託我的事，應首先考慮能否兌現，然後按時兌現，千萬不可拖延。倘兌現過時，使人家不歡喜事小，使人家不信任事大，所謂出力不討好是也。就是自家擬辦的事，亦要守信已信用兌現的，纔對得著自己的。

四、借人家物件，要按時歸還，倘未約定時間，更應提早歸還，使對方愉快，下次再借則較易，俗語「好借好還，再借不難」。

五、人家向我說話，方開口，尚未說出所以然，即與人以辯白或關門態度，這是最不禮貌的，下次人家再不向你說話了。

四十年四月十二日

同鄉高長柱（石輔）兄來見，擬請我署名，請現在居住九龍同鄉徐靜仁老先生來台北居住。我告高，應先將徐先生來台北住宅及旅費有所準備，否則徐老先生到台後，無人負責，將如之何。高甚以為然。

4月13日　星期五

立法委員范苑聲、國大代表李國彝（女）夫婦二人

約我于正午十二時便飯，有李運啟、金幼洲、凌鐵庵、陸心亘諸同鄉在坐。他們幾位年齡都在六十以上，亦是安徽在台國代、立、監委年齡較長者。苑聲太湖人，國彝合肥北鄉埠里人，埠里在我家鄉吳家店以北十五里。美國第七艦隊司令馬丁中將午後抵台訪問，聲明第七艦隊協助保衛台灣，防止任何攻擊。第七艦隊舉行保衛台灣大演習，已連續四日，定今晚結束。今日午後有為數一百四十架美軍飛機，翱翔空中。此次演習，計有航空母艦二艘，及其巡洋艦、驅逐艦等一共廿艘。此一行動表示不致放棄台灣，至將來演變如何，不得而知，還要看吾人自身努力。

4月14日　星期六

陸軍總司令孫立人將軍午後一時在愛國西路自由之家，招待安徽國大代表、立法、監察委員，及一部份在台北安徽同鄉。計到七十餘人，以我年齡較大，坐首席。我席間簡單致詞，至三時賓主十分歡喜而散。

4月15日　星期日

上午九時出席救濟安徽流落港九同鄉難胞常務會議，推我主席。決議下星期日（廿二日）仍在師範學院招集募捐大會，因此我擬下星期五回台中，只得改期。

4月16日　星期一

上午九時偕彥龍、伯雄到北投普濟寺，訪甘珠阿瓦活佛。隨甘珠來台劉培中先生，精通道學，善觀氣色，

有劉神仙之稱。劉看我神清、氣足,從現在起有好運至七十六歲。蓋國事紛亂如此,人民浩劫又如此,有好運,能救國,是所願也,有好運,無補時艱,實不願與聞也。劉又說,最近兩星期間,我有機會發動,一月間即可成為事實,又說今年可以反攻大陸,姑妄言之,姑妄聽之。

4月17日　星期二

陳行政院長昨晚九時來訪,其談話有:

一、關于對日和約,問我意見。答曰我們祇有台灣一島,形勢不夠。在現狀下,祇有請美國幫忙一法,希望能同美國對日和約同時辦理。假定中日和約保留將來辦理,我們可能吃虧。

二、陳院長深感內部意見不能一致,尤其立、監兩院拉扯太甚,妨礙大局,不得已時祇有將搗亂的人送出台灣。我勸陳慎重,我並允相機待為疏解。

三、陳云財政經濟雖艱苦,但目前尚可維持,痛恨操縱市場黑市的黃牛,決定嚴拿法辦。

四、陳表示倦勤意,我加以鼓勵及安慰。

計談一小時。上午十時訪陳果夫兄,彼此談時局。我表示以現在國內外形勢,必須加強內部團結,值此美援將陸續到來,我們不但不能發生大的問題,就是小問題亦不能發生的。現在立法、監察兩院對行政時有爭執,尤其對于自治通則及台灣入境證爭執更力。我認為此種事件,如任其發展下去,固屬于大局不利,而人家要誤會是你們操縱者。自立夫出洋後,社會對你們觀感日漸好

轉，你最好轉告你們團體注意。他深以為然，允即照
辦。陳並說自治通則就是通過，當前到大陸亦不需要
用的。

4月18日　星期三

　　午後三時青年黨組織部長夏濤聲來訪。我詢問青年
黨內部情形，據云該黨曾琦、左舜生、李璜三位領袖素
有意見，左因爭領導權，與曾不合，李因對黨內事與曾
有爭執，但左、李亦有意見，曾、李二人尚有合作可
能，左與曾、李距離太遠，無合作可能。現在台北該黨
常務委員陳啟天、余家菊與其他常委不合作，支持留港
左舜生、謝澄平等。謝澄平向來為左舜生馬首是瞻（左
為農林部長，謝為次長），現在與左分道揚鑣。夏歷舉
謝澄平處人，過橋拆橋，利盡交疏之經過。謝澄平利用
民社黨李大明（美國華僑）之協助，得美國金錢之援
助，辦民主自由戰線刊物，反共反台，為美國人做情
報。就青年黨內部可分為兩派，如曾琦、李璜等屬四川
派，左舜生、陳啟天、余家菊等屬兩湖派。晚八時半教
育部次長鄭西谷來訪。彼此談及教育政策，認為三民主
義是政治最高原則，不是教育基本精神。所謂基本精神
者，乃是教人修身養性之道也，中國過去以孔子為教育
基本，歐美以耶蘇為教育基本，其他回教國家以謨罕麥
德為基本。

4月19日　星期四

　　上午十時雲南籍立法委員竇子進、裴存藩及丁中江

（友人丁適僧之子）來訪。丁與李彌等發動雲南游擊戰，已得美國直接援助。丁新由香港來台，據云李彌重用外省人，滇人不滿，希望李氏多用滇人。現在泰國是反攻西南一個橋樑，但在該方面中央工作人員，意見頗不一致。駐泰國大使有關與各方聯絡之責，如能寶子進擔任駐泰大使，最合理想。言下想我（吳）替寶說話。蔣總統中午十二時卅分招待評議委員午餐，我準時前往。席間總裁囑大家研究對日和約，多數主張應爭取與美國對日和約一致行動。晚七時郭部長嶠招待我與同鄉胡建中、史尚寬、楊亮功、馬壽華、端木鑄秋、楊覺天、劉波鳴、徐鼐、黃伯度晚餐。

4月20日　星期五

今日未出門。連日來往客人甚多，都認為當前台灣安全是無問題。葉秀峯來訪，他前任中統局長，談及邊疆過去之得失。晚間蕭青萍、陳雄甫來訪，談及黨務將來問題，我未表示意見。

4月21日　星期六

本黨中央候補執行委員方宏孝君，午後二時由申叔陪同來見。方安徽績溪人，留學日本，精明強幹，現在台北經營商業，任中美大藥房董事長，申叔即在該藥房任副經理。計談一小時之久。申叔任中美藥房副經理，其目的在明瞭西藥，以及一般商場情形。經數月之學習與研究，大體都已清楚，但以申叔年齡太輕，尚非經營商業時候，自以讀書為唯一之原則，故主張申叔辭去中

美藥房副經理。

4月22日　星期日

　　流亡港澳皖籍人士數達一、二千人，顛沛流離，無
衣無食，處境致為悽慘。在台皖籍國大代表、立、監委
員激于鄉誼，爰發啟組織救災會，于本日上午九時，假
本市師範學院大禮堂舉行救濟港澳皖籍難胞會臨時籌募
大會。計到同鄉高級人員一百多人，推我（吳）主席。
當場各自認捐一萬零六百卅元，另分發募捐冊，由到會
人員認領，分別勸募。統限于五月五日以前，將所有捐
款彙送本市土地銀行，定期撥匯港澳，緊急分發。至
十一時卅分散會。預計將來總數可達二、三萬元，皖籍
在台人士，大多生活困難，能如此熱心，真堪感佩。而
會場情緒溫和，蓋我多年來參加安徽同鄉開會時，多半
是吵鬧一堂，不歡而而散。本年在台北開會，由我主持
者三次，都是有條不亂，真正難得。就同鄉一般情緒觀
察，有日趨團結之勢也。中午十二時半，端木鑄秋約我
與申叔在中國自由之家午飯。此處專為招待外國記者，
佈置非常整潔。今日（廿二）美國務院宣稱即將派遣軍
事代表團前往台灣，為蔣總統保衛台灣的中國國軍從事
軍事訓練及顧問工作。代表團團長蔡斯中將（現任第三
軍參謀長），蔡將于十日內到達台灣。代表團將執行給
與中國軍事援助有關一般事事責任，並聞有軍援五千萬
美元物資。

4 月 23 日　星期一

乘上午八時卅分車回台中。

4 月 24 日　星期二

仲浮山、沈成章先後過訪，浮山先生並在龍珠感舊圖及天山覽勝圖代為提字。浮山先生時年七十三，寫作都佳。

4 月 25 日至 5 月 15 日　星期三至二

從四月廿五日，忽患頭暈病，因此至五月十五日，有三星期之久，日記未能逐日出。茲將此三星期之中重要事，分記於後：

一、頭昏經過情形。四月廿五日上午十時，偕麗女步行到蔣家看蔣老太太病，再步行到小菜場買菜，在途中稍感腿軟，精神不振。迨午飯後，忽欲嘔吐，當即頭昏眼花，房屋轉動。隨即請裝甲兵醫院院長許學純（號樹民）診治，脈正常，無熱度，血壓高 110、低 70，斷定貧血症，打 B12 補血針劑，一面多食補品，安心調養。廿六、廿七兩日臥床未起，惟頭只能向右眠，不能向左眠，如左眠，即頭昏眼花，不能作主。至廿八日能在床中坐起。因許醫生院務太忙，改請沈小姐每隔一日來打一針（許醫生學純係合肥人，他是陸季甫外甥，季甫曾隨我在西南任砲兵連長）。四月卅日可以下床，惟頭仍不向左轉。此次頭昏較民國廿七年在重慶時頭昏來得輕，當時高的血壓只有

90 左右，而臥床時間甚長。當時年齡只有五十五歲，假定現在六十八歲，高血壓九十左右，則嗚呼矣。五月六日晨在床中試驗頭向左睡眠，忽又發昏，全身出汗。五月八日可以慢慢行走，頭可向左右轉，惟不能低視，仍不能向左睡眠。從八日起吃西洋參，五月十日大致十分之八好轉。至十一日加吃少許人參，更加好轉，五月十二日可在園中散步。本來每隔一日打 B12 針一次，從十四日每三日打兩次。以現在病情，再休息旬日，可望全好。

一、申叔四月廿九日來台中看我的病，卅日午車回台北。

一、施中誠（號樸如，桐城人）午後來見。中誠係北洋宿將施從斌之子，從斌為北洋軍閥孫傳芳所殺，後來有名施劍俠女士為父復仇，槍殺孫傳芳。中誠係保定軍校第九期畢業，曾任軍師長，現任台中防守區副令令官，人極和平忠實。

一、五月一日，美國軍事援華顧問團團長蔡斯少將一行飛抵台北。該團第一期先遣官兵一百餘人，將來擴大至五百人，甚至一、二千人不等，要以工作形勢而定。蔡少將聲明在在美國代辦藍欽公使指導之下，進行對自由中國陸、海、空軍的建設及訓練，盡力協助，並貢獻意見。

一、五月四日，吳何畏兄上午來見，據云將赴金門島司令部任副參謀長（管作戰），特來辭行。

一、蔣老太太生病已兩月，今日（四日）第一次出門，

特來看我的病，深為感謝。

一、五月四日，仇震環來見，據云郭寄嶠夫人要與我（吳）見面，說明寄嶠與何某念愛，欺壓夫人。我囑仇轉告夫人，寄嶠正在國家負責，關係大局，請郭夫人忍耐一時。

一、五月四日，老同志孫鏡亞兄上午來見，據云生活萬分困難，實在過不去，託我函請招商局董事長俞樵峯兄予以幫助，當即照辦。鏡亞是現任該局董事。

一、周彥龍應海軍總司令部邀請，前往左營演講邊政，業已完畢。昨夜車（三日）來台中，今晨來見，擬留小住。他因事未果，于午車回台北。

一、五月六日，下午五時王東原兄來訪。王家住苗栗，現在該處辦一個託兒所，特來台中募捐。

一、五月八日，美國防部長馬歇爾將軍昨日在參議院說明遠東政策。美國韓戰在爭取時間，準備世界大戰，絕不對中共採取任何姑息。美國既定政策是在拒絕以台灣交給中共，並反對中共出席聯合國。十一日馬歇爾第二次重申拒絕中共加入聯合國，必要時美在聯大使用否決權，永遠不同意以台灣交予中共。十二日馬歇爾在參院第三次申明，贊同海軍及經濟封鎖中國大陸。這三個申明充分表現美國遠東政策大改變，使台灣穩如磐石，大有與美國同一命運之勢。台灣本身還是要努力，不可得意忘形，雖然如此，國際是利害的、變化無常的。

一、五月九日，青年黨主席曾琦（慕韓）先生忽患盲腸炎，施行手術，因貧血體弱不支，于七日晨在華

　　盛頓逝世。曾是青年黨發啟人，有中外學識，能見其大，能見其遠。曾自命懂政治而通軍事，認為我（吳）懂軍事而通政治，彼此談時局動輒四、五小時，彼此黨籍不同，而個人感情甚厚。茲聞仙世，愴悼莫名，當即電曾夫人及公子慰唁。

一、五月九日，昨夜夢在某處北方四合房大院中，屋簷掛曬很多細毛皮衣，中有五套最好狐皮中山服，是從前預備到東北去用的。我說不知道蔣先生要不要這樣中山服。稍頃蔣來了，不知怎樣用竹竿挑選一件舊式女短皮襖而去。迨醒後，正是本日（九）晨，新鐘四時半，老鐘三時半。姑記之，以證將來。

一、五月十一日，總統府副秘書長許靜之先生來訪。許是昨日往遊日月潭，今午車回台北。

一、五月十二日，美參院通過表決，對于以作戰物資運往蘇聯或其附庸國美國盟邦，所有美國經濟援助一律停止。

一、五月十二日，蔣緯國偕其裝甲兵旅部張處長（管人事）來看我的病。緯國性情篤實，得人同情。張係友人張仿之子。

一、五月十三日，蔣經國、劉安琪午後來看我的病。蔣問我近來許汝為有消息否，答沒有，並將前次許汝為來信請我赴港經過詳細說明。結論兩廣群龍無首，許個人無大作為，他人要利用他（蔣以此話為然），國際間亦有許的機會。蔣問許與李濟琛可聯合否？曰可能。計談卅分鐘。

5月16日　星期三

馬歇爾申明：「美軍援華目的，在保衛台灣。」又軍事援華顧問團團長蔡斯，昨在招待記者會亦申明：「台灣中立化不變。」這都是加強凍結台灣，仍想與中共妥洽。

5月17日　星期四

老同志孫鏡亞兄（號靖塵）前以生活困難，託我函請招商局董事長予以幫助。茲得董事長俞樵峯兄復函，允即接濟二千元（新台幣），擬即函俞道謝。

5月18日　星期五

十五日颱風經過台南，左營地方損失最大，死一百多人。其他家屋等等破壞更多，很大樹木連根拔起，稀有之災也。

5月19日　星期六

庸叔歡喜出風頭、現本事，特訓示如後：救世主義的人（聖賢）及福國利民的人（政治家）祇求有功于人類，避免出風頭，現本事。反之，無聊政客小人，以及糊塗幼稚的人，遇事爭出風頭，爭現本事。結果招禍誤人，此等人所在皆是也。

5月20日　星期日

今日天氣忽放晴。在此一週來陰霾不開，霪雨連綿，任何河川洪水暴漲，情勢兇猛。許多水堤、橋樑、

家屋悉被沖毀，交通亦被沖斷，農作物損失更大。這是
繼左營風災又來一次水災，農民流離失所，叫苦連天，
政府正謀救濟中。

5月21日　星期一

　　從上月廿五日起患頭暈病，今日大好轉，特于上午
第一次出門，回看仲浮山老先生。青年黨常委王嵐僧兄
上午來訪，暢談該黨主席逝世後，該黨內部情形。據東
京駐華盛新聞記者稱，美國政府在國會意見與輿論壓
力之下，將不得不「放棄其對毛澤東將成狄托路線的如
意想法，並將掃除其在所謂中國白皮書中國觀念。」在
麥克爾瑟事件爭辯中，美國政府恢復聲望的唯一出路，
就是放棄其對華政策中的被動態度，而予中國政府以
「積極援助」。美國助理國務卿魯斯克及國務院顧問杜
勒斯大使發表對華演說。魯斯克結論說，保證如果中國
人民以行動來爭取自由，則將得世界各地自由人民廣大
支持，他特別保證繼續與國民政府援助，他說國民政府
是中國人民一個真正的代表者。杜勒斯以大致相同的意
見，予以支持。這是美國對華政策已大大明朗化，等待
政策已取消，亦是中美關係進入新階段一個象徵。自助
人助，不可以僥倖機會而意滿也。

5月22日　星期二

　　仲浮山老先生今晨送閱王禮（號秋言）大幅花鳥四
幅（王係清道咸時代人）、金心蘭大幅梅花四幅。王之
花鳥多半是沒骨，此種花鳥，在舊畫中很少見者。

5 月 23 日　星期三

真正民主要能尊重反對方面地位，並能與其說話機會，如果說話是對的，應即採納。反之則不是真民主。

5 月 24 日　星期四

一個人自得意滿時，虛榮、驕傲、奢侈、懶惰、偏見乘虛而入，其遺禍無窮。理想與事實往往背道而馳，徒增懊惱，而傷心身。人生的延續，是痛苦的積聚，到人間來，只有準備吃苦與受氣。輕敵是愚蠢的，逃避現實，而靠打如意算盤以自慰，必定吃虧。

5 月 25 日　星期五

我近日頭昏既大好，昨、今兩日偕麗安回看在台中諸友好。蔣老太太近因患傷風而氣管炎發喘，現將痊愈，仍未起床，我偕麗安去看他。

5 月 26 日　星期六

我此次頭昏，從上月廿五日起打 B12 補血針劑，至今日為止，一共打十九針，收效宏大。擬暫停一個時間，再繼續打。葛筱東夫婦今晨來訪，他現在仍在水裡坑任林場場長。

5 月 27 日　星期日

我無日不在掛念申叔身體健康，正如孔子所云：「父母唯其疾之憂。」最近與申叔的信，分別特錄於後。

一、五月十四日的信

申叔覽：

回憶爾前在學校時讀過生理衛生學，可以再購一本，于閒時閱讀。此書于保健身體固屬普通常識，就是經營西藥商者，亦應深切了解。此書對于神經系疾病指示有：一、減少思慮；二、每日須有八小時休息、八小時睡眠；三、抱樂觀態度。又心理衛生是防止心理失常，保持精神健康意思，如欲達此目的，必須心胸舒適，不感不安或緊張，隨遇皆能怡然相得。

二、五月十七日的信

申叔覽：

父近年來全副精神注意爾一切事宜，現在內心更趨積極，除此無他念也，望爾隨時隨地予以保養。爾自小身體虛弱，是父最大遺憾者也。當前爾應一面維持現狀，一面力求進步，萬不能另生其他新的疾病，影響根本者也。

三、五月廿二日的信

申叔覽：

現在可以為爾幫忙者，祇有曾、周兩先生。任爾如何聰敏，以爾年齡、經驗，絕對不夠的。一個人遇到計劃（理想）與事實背道而馳時候，往往增加懊惱，影響身心，因此爾要遇事常常請教周、曾兩先生。

如新對爾是很好的，爾對如新亦還過得去，但爾對如新氣魄是有點不佩服的。須知如新有一套小心謹慎、錙銖計較生易經，爾是趕不上他的。要與如新好好相處，不要弄僵。

緯國性質很坦白，曾當我面向其部下張處長云「我
（蔣）從小的時候，是吳伯伯捧大的」。倘機會許可，
爾可與他往來，將來爾有需要幫忙時，我想他在可能範
圍，必定幫忙的。

5 月 28 日　星期一

韓國戰事，共黨春季人海戰術攻勢，已被聯軍以火
海戰術擊敗，中共損失很大。聯軍戰略以不擴大韓戰區
域，打到共軍自動停戰而後已。這是聯合國不願對中共
全面戰爭，更不願發動第三次大戰一種想法。這個權柄
操之于蘇聯，究竟蘇聯是否贊成，且看將來。

5 月 29 日　星期二

仁者，愛之理，心之德也。愛人無私謂之仁。義
者，天理之所宜也。博愛之謂仁，行而宜之之謂義。盡
己之謂忠，推己之謂恕。或中心為忠，如心為恕，於義
亦通。又有直心為德（悳）。

5 月 30 日　星期三

乘中午十二時四十五車，于四時五十分到台北。知
蔣先生日前接濟台幣伍仟元，甚感。

5 月 31 日　星期四

午後五時半出席總統府黨部小組會議。討論關于代
表大會事，認為當前空間、時間都不適宜，一致主張向
中央建議從緩。以現在情形，如開代表大會，必定糾

紛，必定影響內部團結。張壽賢、李崇年、倪超凡今日
先後來晤。張談黨務，李談一般政治經濟，倪談第三方
面在香港近情，許汝為已失去領導，改以顧夢餘領導。

6月1日　星期五

摘錄美國獨立宣言：「我們認為這些真理是很明顯的，所有的人，生下來都是平等，上帝賦予他們以幾種不可剝奪的權利，這些權利包括生命、自由和尋求幸福。為保障這些權利起見，人民設立了政府，而政府公正權力，乃是被統治者所同意授與的。」讀此宣言，我們應該覺悟，中國現在與將來，除走民主道路是無路可走的。法國民主已成老大，而美國民主正方興未艾，中國必須美國幫忙，故必須學習美國民主，始可建國。美國大詩人惠特曼紀念總統林肯的詩：「一代偉人，遽然塵化，慈祥、樸實、公正而堅決，他小心翼翼地拯救了國家。」讀了此詩，非常感慨，中國人如林肯慈祥、樸實、公正而堅決者，大有人在，何以不能拯救國家，似可歸諸國運與個人機會。但民智幼稚，政治經濟一切落後，與夫君子道銷，小人道長，乃是最大的原因者也，有何說哉。

6月2日　星期六

今日回看雷震、丁治磐、徐汝誠等。據雷云所謂第三方面，現在香港確已得美國人幫助，以顧夢餘等廿五人組織委員會。此事不可輕視，許汝為亦加入。彼等從前是想與台灣合作的，現既得美援，將與台各行其事矣。假定在半年前設法疏解，或不致有此組織出現也。

6月3日　星期日

美國務卿艾奇遜昨在參院答復議員，稱：「台灣現

在為國民政府所統治的，將來將繼續為國民政府所統
治，決定不使台灣入于敵手，必要時並將以武力達到這
個目的。」符立德中將今天（二日）說，美軍第八軍團
已停止在北韓追擊共軍。艾奇遜亦說，如獲保證不再侵
略，美願停止交戰，條件決不能涉及國聯代表權及台灣
云云。此種措施理由有：（一）表示美國不願在韓國擴
大戰區之一貫政策；（二）迎合聯合國姑息與妥洽主義
者；（三）拖延時間以好準備軍事；（四）試探蘇聯態
度；（五）搖動中共內部主戰、反戰之心理。其結果如
何，權在蘇聯。青年黨主席曾琦（慕韓）先生在美逝
世，今日（三）在台大法學院禮堂舉行公祭典禮，我于
上午九時半前往致祭。曾氏嘗提政治家具五尚五要、三
風三有：

甲、政治家之五尚

　　一、才：無才不足以辦天下之事。

　　二、學：無學不足以通天下之理。

　　三、識：無識不足以應天下之變。

　　四、氣：無氣不足以任天下之重。

　　五、度：無度不足以應天下之物。

乙、政治家之五要

　　一、要提得出結論。

　　二、要立得起方案。

　　三、要尋得著關鍵。

　　四、要舉得出要點。

　　五、要握得住核心。

丙、政治家之三風

　　一、風度：進退出處，磊落光明，榮辱得失，處
　　　　　　之泰然，此風度也。

　　二、風骨：富貴不能淫，貧賤不能移，威武不能
　　　　　　屈，此風骨也。

　　三、風誼：揚人之善，成人之美，急人之急，憂
　　　　　　人之憂，此風誼也。

丁、政治家之三有

　　一、有一貫之主張。

　　二、有實行之手腕。

　　三、有澈底之精神。

6 月 4 日　星期

　　同鄉武漢（少齋）前日由港來台，今晨來見。安徽
土改、清算、鬥爭，被犧牲者不計其數，死者已矣，生
者無以為生，其慘痛非筆可以形容者也。

6 月 5 日　星期二

　　幫助人做正當事，自己亦正當，是可安慰的。幫助
人做犯法事，自己亦犯法，是夠愚蠢的。現在社會，乃
作奸犯科、欺詐侵害的社會。

6 月 6 日　星期三

　　前新疆省主席堯樂博士，日前經西藏、印度來台
北。前西北軍政副長官馬繼援，日前由開羅來台北。他
二人先後過訪，我特于今晨分別回拜。堯樂于新疆淪陷

後，率部打游擊有數月之久，因無後援而突圍。馬繼援以孤軍血戰蘭州，亦因無援而失敗。堯、馬二人在整個大陸失敗將領中，總算有聲有色之表現，倘諸將領都能像堯、馬二人，何致一敗塗地至台灣一小島耳。倪超凡兄于午後二時介紹合肥同鄉張龍文兄來見。張（號君采）係軍校第九期畢業，與道叔是同學。張現在國防部服務。前陸軍一二六軍軍長張湘澤于午後三時來見。張係壽縣人，日本士官畢業，在抗日期間在大別山打游擊有八年之久，在安徽任保安司令副司令，以保安團隊改編一二六軍，轉戰兩湖、廣西、安南，最後只剩一千餘人，在安南將武器交駐安南法軍保管。張最近始由安南經香港來台北，此人四十四歲，正少壯有為之時。計談三小時之久。

6月7日　星期四

台灣地方行政專科學校訓導長汪道淵（號守一）兄來見。汪係徽州人，精明強幹有為之人才。今日接見賓客很多，如顧墨三、堯樂博士、苗培成、徐宗岳、梅雪岩、劉士毅、李崇年、張振鷙等，大家都認為台灣確已穩固，而返回大陸時間與辦法似覺渺茫，尤以不團結為可慮。

6月8日　星期五

明日（九日）端午節，為四十年老友何雪竹兄七十大慶。何將于今日午後前往他處避壽，我特上午十一時偕鄧鵬九兄前往預為慶祝。何為人和平忠厚，深得社會

同情。

6 月 9 日　星期六

　　今日端午節，老天終日大雨。而今年市面較去年市面更加蕭條，因此社會過節之氣象，不如往年之熱烈。

6 月 10 日　星期日

　　周昆田介紹教育廳主任秘書韋從序（號仲殷）于上午九時來晤。韋舒城縣人，留學英國。彼此暢談中國教育之得失，認為三民主意是政治目標，不是個人行為之目標。所謂個人行為目標者，就是做人基本精神所在的道理，例如英、美等國家以耶穌教為基本，中國以儒家學說為基本。今則此基本早已動搖矣，所以中國大亂。

6 月 11 日　星期一

　　馬伯瑤先生，安徽同鄉懷寧人，七十八歲老翁，滿清進士，偕其公子聯方（經濟部農林司司長）于上午十一時過訪。馬老久居懷寧，自國軍撤守，移居上海，復受嚴重威脅，不得已乃于今春冒險逃香港，轉台灣。據云大陸正在恐怖黑暗，人人慄慄為懼，不知死所，隨時有生命之虞。

6 月 12 日　星期二

　　周昆田介紹吳愷玄于午後三時來晤談。吳湖南宜章人，一向在交通界服務，現任行政院設計委員，暢流半月刊主編。此人社會經驗很多。惟仁夫人素來心臟

弱，今日手腳發軟，且多傷感，我深憂慮，年老人應有
之現象。

6月13日　星期三

孫乾方、孫益方日前來報，他的父親孫章甫（多
鈺）在天津病故，當即予以安慰。今日在聖導寺開弔，
余偕昆田、伯雄于午後二時前往致祭。章甫先生生前是
孫府所辦中孚銀行、阜豐麵粉公司、天津仁立織毛公司
等工商事業的領導人，卅八年由滬移居台北，嗣又移
居香港，最後移回天津。我是不主張他北返，彼此交誼
甚篤。

6月14日　星期四

清晨名繪家黃君璧先生來訪。據云申叔繪畫、構圖
與用色已超過陳樹仁先生，申叔花鳥當前很少可以比
者，而紅棉可稱獨步，山水亦大有進步。聞之快慰，雖
然仍須精進不息，最可惜者，還是身體虛弱耳。惟仁夫
人兩腿發軟，仍不能起床，特請朱仰高醫生診治。據
云因心臟衰弱而發，多加休息即可復原。血壓高一百
六十八，低八十，以六十八歲老人不能算高，脈六十，
無寒熱。

6月15日　星期五

惟仁夫人仍未起床，但情形較昨日好。時值黃霉，
陰雨連綿，身體很不舒適。大凡一種商業，正在風頭一
時之際，大家必群起爭營，因此這一種商業必定走下坡

路。如已在經營者，要趕快決定攻守原則，如正欲經營
此項商業，而尚未施行者，應即採慎重考慮態度。其他
一切事業都是這個道理，正如老子所謂「眾人皆知美之
為美，斯惡矣，皆知善之為善，斯不善矣。」

6 月 16 日　星期六

青年黨內部分裂，該黨夏濤聲、劉東岩、王嵐僧等
先後問我意見。我因與該黨前主席私人感情甚佳，特強
調團結。惟仁夫人病較昨日又有進步。郭寄嶠部長本晚
七時半招待前西北副長官馬繼援晚餐（馬新由開羅來台
北），約我作陪，並有趙友琴、馬呈祥、劉任等在坐。

6 月 17 日　星期日

國民黨國民大會代表黨團組織，關于安徽代表有兩
個小組。我原來是一個小組組長，因不常在台北，故辭
去，改派趙執中同志。另一小組組長張宗良同志。今日
上午九時，在中央改造委員會第二會議室開兩小組聯席
會議，公推我主席，計出席代表卅餘人。決議向中央建
議兩案：（一）國大代表擬組織考察團，向民間考察，
本兩小組認為無此必要；（二）國大代表生活困難，請
中央調整。另外討論港九安徽難胞救濟等事宜，此事較
為複雜，最大原因在港九方面負責的人很難找出。至
十二時散會。

6 月 18 日　星期一

惟仁老太太雖能起床，勉強行走，但兩腿無力。老

人如此，情除可憫。午後訪監察委員趙友琴諸兄。

6月19日　星期二

真正民主進步強盛國家，必不可缺少之條件有：
（一）平等精神；（二）法律維繫；（三）輿論制裁；
（四）經濟組織；（五）科學力量。

6月20日　星期三

臺灣航業公司總經理沈華庭，午後二時由該公司基
隆分公司經理丁墨農介紹見面。沈寧波人，一向在航業
界服務。臺灣漁業管理處處長劉抱誠過訪。據云與理事
長陳良不能合作，業經在呈請辭職中。抱誠初接任漁管
處時，只有漁船六艘，現在有卅艘，每月賺錢，存在銀
行現款有三、四百萬。數月前成立理事會，以陳為理事
長。今陳、劉不能合作，殊與該事業大大不幸。喬一凡
兄日前由香港來台北，今晚過訪。喬向在大陸辦教育，
最近由候補立法委員補正式立法委員。

6月21日　星期四

午後十二時卅分參加蔣總裁招待評議委員午餐。其
談話：一、王秘書長報告對日和約情形，吾國是否與
英、美等國一同簽字，尚無把握；二、本省吳主席報告
去年糧價高、物價低，今年實得其反，糧價低、物價
高，是當前一件很難調整的事；三、改造委員會張秘書
長報告，台灣選舉縣市長，本黨佔絕對勝利。

6 月 22 日　　星期五

我是黨營裕臺公司常住監察人，今晨偕伯雄往該公司首次訪問董事長等。世界人類虛偽已到最高峰，所以世界大亂，必須走上真理道路，乃可挽回浩劫。

6 月 23 日　　星期六

美國軍事顧問團長蔡斯到任後，經一個多月考查我海陸空軍結果，報告美政府，並抄副本與我政府。其要點有：（一）領導不得法，前在大陸失敗亦是領導不得法；（二）軍隊政工制度係剝削各級官長權力；（三）以現在軍隊實力，只能作戰三日；（四）士氣很旺，營養不足，如能調整與六個月的訓練，必定可以作戰；（五）擬開辦參謀、步兵、砲兵等專門學校。

6 月 24 日　　星期日

上午九時出席救濟港澳皖籍難胞臨時籌委會常務會議，推我主席。決議將已募四萬四千元（台幣）先匯香港，並推葉綱武往港散發及慰問難胞。籌委會即結束，由總務、籌募、宣傳三組分別辦理結束善後事宜。此次能于大家生活困難之際，勸募這多款項，十分難得，更以大家和衷共濟，歡喜完成，為同鄉素來集會稀有之結果也。

6 月 25 日　　星期一

乘上午八時卅分車，于十二時四十分到台中。光叔喉痛，發熱至卅九度，夜間熱得發狂。

6月26日　星期二

美國經合總署中國分署昨日公佈，增撥我國美金四千一百七十萬元，為本會計年度（一九五〇年七月至一九五一年六月卅日止）經濟援華款項。按本年度款額原為美金五千六百萬元，連同此次增撥款項，總數共為九千七百七十萬元。此項增撥四千一百七十萬元，一半將用于經常之經合署計劃，其餘半數為對美國軍事顧問團軍事計劃之經濟支援。由此次增款看來，美國確已重視台灣，並進一步軍事援助。

6月27日　星期三

此次攜回申叔過去所繪柳樹、桃花及米法山水等數幅，本晚仲浮山老先生來閱此畫，大加稱許，認為如此青年，有此成績，將來必定成大名，毫無疑問的。並請仲老在畫上題字。仲老七十三歲，詩文幽雅，書法清秀。

6月28日　星期四

本日致申叔函如下：

日前在台北對爾指示，無論何時、何地、何事，千萬不要忘記身體康健，爾一切事業均寄託于身體，已一再言之矣。上項指示，應當作為金科玉律，不可當作耳面風。我檢討你本年五、六兩月，一切無進步，終日奔走商場，恐亦很少收獲，反而使身心兩有損失，且使繪畫亦因之耽擱，太不合算了。望從七月一日起，即以身心為主，從速改善一切，至要、至要。

6 月 29 日　星期五

　　六月廿五日是韓戰一週年，聯合國蘇聯代表馬立力發表和平宣言，主張停戰卅八度。至廿八日蘇外次葛羅米柯與美國駐蘇聯大使見面，又主張五點：

（一）洽商停戰，一造為聯合統帥部與南韓軍事代表，另一造為北韓與「中國志願軍」的軍事代表。

（二）此項停戰交涉將包括停火，並嚴格限于軍事問題。

（三）在締結停戰洽定以外，蘇俄對于和平解決以後，想不到進一步的特別步驟。

（四）關于政治領土問題之解決，應由韓國二造決定以後特別步驟。

（五）葛羅米柯又說，蘇俄政府不知道中共政權對于和談意見。

以當前國際形勢，美、蘇均不願發動第三次大戰，而美國更不願與中共政權全面戰爭。更以中共在韓損失很大，蘇聯又不能接濟中共，所以停火事，頗有希望。

6 月 30 日　星期六

　　陸心亘夫婦（朱太太）日昨到台中，住模範東巷卅六號，劉立法委員志平（號漣漪）家。今日午後六時，約其夫婦便飯。

7月1日　星期日

上午得台北寓來電話，日昨老太太發高熱喉痛，請
朱仰高醫生診治，熱度已退，喉仍痛，惟經先後兩次患
病，身體更加衰弱。當即去函，囑其留心調養，繼續請
朱仰高醫師診治。

7月2日　星期一

北韓及中共已接受聯軍停火建議，談判日期定七月
十日至十五日，地點將在漢城東北之開城。聯軍統帥李
奇威將軍，原建議在南北韓舊界以北八十英里的元山港
內，一艘丹麥醫院船上。聯合國人士及英國外務部，對
于共黨為什麼要延到七月十日至十五日舉行談判一事，
頗為困惑。上午台北電話，老太太熱度難退，身體頗感
疲倦，仍未能起床，仍請朱醫診治。陸心亘偕其朱夫人
來晤。心亘尚有一位卅多歲汪夫人，因其生活前途問
題，要求心亘予以解決，而朱夫人亦不肯放鬆，心亘左
右為難，請我指示。我責心亘糊塗，勸朱夫人念心亘環
境，幫助心亘解決此一問題，否則如此僵持，家庭必生
變故，自在意中，但未得要領。台中防守司令今午（二
日）來晤。據云美軍顧問團不贊成軍中政工之組織，蓋
政工防奸保密，是其職責，但越出範圍，大事、小事以
及人事都要管理，使各級將領窮于應付。

7月3日　星期二

關于繪畫致申叔函

一、仲浮山老先生閱你的畫，大為稱贊，認為「如此

青年，如此成績，將來必成大名。」並已在楊柳、
桃花、米法山水等三幅題字。仲又稱菊花山石之別
緻，枇杷技幹之老練，尤為難得。

二、你處現有樹人先生石印玉彩凌霄花，及蔣伯母所
送松樹凌霄花，再想像蘇園假山凌霄花，不知能否
根據此項資料，另繪一大幅。果能辦到，其精彩當
不在日前所繪最得意大幅玫瑰之下也。這是我的理
想，特告參考，事實如何，希酌之。

三、牽牛花似可繪一大幅，不能因為齊白石繪過，爾如
再繪，恐人家批評，這是不對的。齊有齊的畫法，
吳有吳的畫法，何雷同之可言。否則畫的範圍愈弄
愈窄，太吃虧了。

7月4日　星期三

本日時雨時晴，氣候惡劣。陸心亘上午再來談他的
家事，擬本日午車偕他太太回台北。

7月5日　星期四

凡是為了解決一個複雜問題，大致不外依據三個標
準，第一合于道義，第二明辨是非，第三權衡利害。

7月6日　星期五

申叔四日晚來信報告，老太太病已痊愈，現需靜
養，此次病狀較前嚴重云云。惟老人心臟素衰，體氣日
弱，深為可慮。申叔又云近來對于繪畫甚為努力，時常
看黃君璧夫人素描畫法。聞之甚慰，蓋素描是一切繪畫

之基礎也。

7月7日　星期六

今日是陸軍節，又是日本發動侵華戰爭，有名之蘆
溝橋事變十四週年，但各方紀念不如往年之熱烈，此皆
人心消沈之故也。

7月8日　星期日

蔣老太太今午約我與麗安及庸叔、光叔便飯，在坐
只有翁如新。蔣老太太日前患腹瀉，現雖痊愈，尚未復
原。如此六三老人，先後三次患病，精神異常疲困。翁
如新日前來台中，昨日來晤。據云政府管理外匯、管
理進口貿易，還是用在大陸過去失敗做法，就是自備外
匯，亦不准辦貨進口，實在令人不解。如新今午後三時
卅分車回台北。

7月9日　星期一

舉世注目韓國雙方停戰事，其初步預備會議，已于
昨日（八日）在開城開始首次談判。查開城在一千多年
前被高麗太祖建為首都，一直到十四世紀李氏王朝代
興，才遷到漢城，將近五百年建都歷史，使開城為全韓
最著名古蹟名勝區。韓國以出高麗參著名世界，而開城
就是最大集中地。開城自來以善于經營商業出名，韓國
富商大賈、資本家多出自開城，今又在此開和平談判，
更使開城著名。

7 月 10 日　星期二

　　韓國停戰正式首次會議，今日在開城舉行。就各方情形推測，停戰似有可能。回看沈成章先生，他向來服務東北，負渤海艦隊責。他深知東北，故與談論東北過去之得失。彼此談話結論，軍閥無主義而失敗，國民黨有主義，因失行主義而失敗。今後誰能領導實行三民主義真民主政治，就是誰的成功。

7 月 11 日　星期三

美國惠來博士預言

他說「天氣是世界命運指南針」：

一、蘇聯赤色政權即將傾覆。

二、中國成為自由民主國家。

三、過了一九五二年才能獲得和平。

四、和平時期一直到紀元二〇〇〇年。

五、一九六三年要發生經濟大的恐慌。

7 月 12 日　星期四

　　接伯雄十日來函稱惟仁太太身體日趨復原，惟手足無力。我函囑其多加營養，常服西洋參。此次病後，身體如此衰弱，可慮。

7 月 13 日　星期五

　　關于美國政府所草擬而于昨日公佈之對日和約修正稿，該草約有關于中國者：

一、日本放棄一切對台灣、澎湖的權利、名義與要求。

二、日本放棄一切在中國特權。

三、和約五十五個國，竟未將中華民國列入為簽字國。
我外交部已向美國表示嚴重抗議之意，申明我對日媾和
權利與地位，決不受約稿規定而影響，不合國際道義與
法理之主張，亦不接受。其抗議理由大意如後：

一、中華民國對日作戰，係于一九三一年九月十八日武
　　裝侵略中國為起點。

二、中華民國最先對日作戰抵抗日本。

三、中華民國軍民損失最大。

四、中華民國對于擊敗日本作重要之貢獻。

五、中華民國政府為對日宣戰及實計作戰之政府。

六、中華民國政府為聯合國及其各專門機關所承認之合
　　法中國政府。

7月14日　星期六

　　庸叔、光叔昨日大考完畢，今日開始放暑假，下學
期都可升級。現任美國紐約州州長杜威本日（十四）
來台灣，將作五日訪問。杜威是共和黨領袖，曾于
一九四四年和一九四八年兩度出任共和黨總統候選人，
其聲望之隆，可以想像。律師吳一峰因案由台北來台
中，午後來訪。一峰是吳少祐本家，曾隨我在貴州主席
時，幫助都勻縣長吳和生兄。

7月15日　星期日

　　台中防守副司令施中誠兄午後來訪。據云一般官兵
深感生活太苦，工作太多。例如一個兵，一日間從廿華

里山路（來往是四十里）取一根木，運來作防禦工事，
以營養不良之士兵，當然擔當不了這個工作。

7 月 16 日　星期一

凡遇大事（關于政策）應慎重決定，凡遇小事（關
于事務）應迅速決定。不管事之大小，總以不違法為唯
一之原則。

7 月 17 日　星期二

青年黨常務委員王嵐僧頃來晤。據云該黨內部糾
紛，經第三者調解，不但無團結可能，反而分裂更
甚。現在雙方發傳單攻擊，牽動人事問題，團結很少希
望了。

7 月 18 日　星期三

東北宿將、陸軍上將、東北剿總副司令萬福麟將軍
（號壽山），于十五日逝世台中寓所。今日舉行葬儀，
我親往送殯，于上午九時到西區墓場。萬氏為人忠厚，
能識大體，壽終七十一歲。美國杜威州長本日（十八）
上午飛馬尼拉，行前招待記者表示，對參觀中國軍隊感
動，此項部隊可與世界任何部隊相較量。又說他不相信
第三次大戰即將爆發，又說美國對遠東及中國之政策，
必將急速澄清。此說就是表示美國兩黨對遠東政策即將
一致。

7月19日　星期四

現在中央有三個問題：（一）與美國軍援不易配合；（二）經濟、財政已臨艱苦地步，自身很少辦法；（三）公教人員、部隊官兵心理不正常。如能解決第一個問題，其他兩個問題亦較易辦理也。

7月20日　星期五

以三事條訓庸、光兩兒

一、父一生的飯碗，不是由違法、貪汙、投機、取巧盜來的，乃是用生命、人格、勤儉、忍讓換來的，所以很怕你們養成官僚、軍閥、買辦人家子弟罪惡的生活。果爾，那就害你們一生了。

二、每晚臨睡時，想想今天所做的事，是否與社會有益，或是與家庭有益，抑是與自己有益。

三、每到吃飯時，想想這碗飯怎樣來的，更要想想正在飢餓、疾病、恐怖，危在旦夕，聽天由命，一般可憐無告的人。

7月21日　星期六

立法院因對日和約草案未列我國為簽字國，特召開臨時會議。佘立委凌雲日前往台北出席，昨日回台中，今晨來談。據云立法院討論此案，決議電美力爭，並指責我外交當局。美政府廿日向各曾對日宣戰的國家發出請柬，邀請參加九月四日在舊金山舉行對日和會。請柬由英美聯名向四十九國家發出，獨無中華民國。我們抗日最早、最久，犧牲最大，不能參加和會，這是四萬萬

五千萬人奇恥大辱,應該快快自覺。

7月22日　星期日

　　劉立法院長建群為立法委員齊廉兒子證婚,今午到台中,本晚來晤談。據云此次我國未能列入對日和會之失敗,雖經立法院及民眾團體一致呼籲,因英美政策既以決定,現亦無可挽回。嗣談一般政情,至十一時方散。

7月23日　星期一

　　本地防守司令劉安琪兄午後四時來訪談。彼此認為以現在國際形勢,均不願發生第三次大戰,我們以一個台灣孤島之財力、物力,很難拖延下去。

7月24日　星期二

　　接台北電話,惟仁老太太手足仍是發軟。據朱仰高醫師說是心臟衰弱之故,囑每日服可拉明強心劑三次,要長期修養。年齡既老,有此病者,隨時可以發生危險,當託伯雄代為照料,一面囑申叔當心侍奉。

7月25日　星期三

　　韓國停戰談判休會四天,昨日復會。雙方關于外國軍隊撤退事頗有爭執,共軍主張撤兵與停火同時談判,聯軍認為撤兵是政治問題,應在停火後談判。

7月26日　星期四

擬趁此空閒時間，將久已想把一生經簡單記出，並
不擬宣傳社會，專為子孫做人做事之參考。惟年老記憶
衰弱，更加相隔時間過久，一時回憶很不容易，只得能
想出多少就寫多少。至于將來寫到如何程度，難以預
定。在民國十五年前素無日記，自民國十六年起開始日
記，至廿五年所有十年日記非常簡單，夠不上說是日
記。廿六、廿七兩年日記又為庸、光在香港遺失，其餘
廿七年後日記較為詳細。

7月27日　星期五

彭醇士介紹韓玉符上午十時來晤。韓吉林人，前任
吉林省參議會議長，現任立法委員。沈醫師震時及其女
公子，因醫師登記事，晚間來寓，請作函考試院鈕院長
介紹見面，當即照辦。

7月28日　星期六

仲浮山老先生本晚偕其長公子肇湘來晤。肇湘素來
與我相熟，現任立法委員，擅長文學。仲老小孫今日已
考取第二中學，仲老尤為高興。仲老子孫都有教育，他
雖年老，內心舒服。

7月29日　星期日

今日上午回看國大代表陳子英、立法委員韓玉符。
韓歡喜國畫，正在研究畫竹，余特順便談談申叔繪畫之
經過。又訪劉安琪諸君，外出未遇。

7 月 30 日   星期一

聯合社仰光廿八日電，中國國軍一支自緬甸打進雲南，佔有長達一百英里的前線，並已佔領機場一處，戰事在昆明以西偏南二百英里處進行中云。聞這支軍隊約有一萬多人，是雲南省主席李彌所部，內分三個縱隊，北方一縱隊佔耿馬飛機場，南方一縱隊與北方相距一百英里，並佔領馬海。共軍抵抗據說很輕微，共軍大部從保山派往。此項消息係由外國通信之聯合社透露，較為確實，更使中外之注意。前教育教長杭立武前次出國考查，經由歐洲到美洲，日前回國，今晨（卅）來晤。據云美國務院對國府印相還未改變，美蘇積極備戰，就是韓戰暫停，第三次大戰乃時間問題。又多謝杭送領帶、煙盒。

7 月 31 日   星期二

彥龍來函，附剪民族報所載合肥被殘害人名單，內有龔虛雲、高鐵君、胡配庚、虞蔭生諸君。聞合肥一縣被害五千人，巢縣二千人。

8月1日　星期三

劉司令安琪昨由台北回來，今午後過談。據云美國軍事顧問團與我方尚有相當距離，彼此不能配合。我方必須美方幫助，最後還是要將就美顧問團的。

8月2日　星期四

裝甲兵（戰車坦克）旅長蔣緯國午後來見。據云一般批評裝甲旅應該分配陸軍各部，但忘記了戰略之理論。即以美國而論，一部分輕裝甲兵附屬陸軍各部隊作為搜索之用，其重裝甲兵配以輕裝甲兵集中訓練，到戰爭時集中使用，或分區集中使用。吾國重裝甲等于沒有，輕裝甲亦很少，如全部分散，既不能統一訓練，又將戰略置于何地。緯又云美顧問團對我方誤會，是我們內部造成的。例如某日會報，顧問團問，為人所不歡迎之政治部，我們不瞭解。我方曰何人說。答曰美武官。我方再問美武官聽何人說的。美武官指我海軍總長曰，是他說的。

8月3日　星期五

蔣老太太約我與麗安午飯，在坐緯國夫婦。我與緯國順便談談我與他父親攸久歷史之經過，因緯國就是從小多由我照料的，所以我對緯國絲毫不客氣的。緯國性質忠厚，得人同情，前途是有期望的，吾老矣，切託緯國將來照料我家小孩。

8 月 4 日　星期六

上午十一時約緯國夫婦午飯，飯後他夫婦回台北。
連日與緯國往來時間較多，談話亦較多，今午給緯國閱
他小時候與我及他父親合照之相片，又閱關于他小時候
居住讀書事，他父親與我親筆函件。緯國閱後頗有回
感。關于申叔畫展事，特託緯國將來介紹美術協會主持
人胡偉克予以關照，緯國遂與余約定，何時需要，即何
時向胡介紹。胡係緯國德國同學好朋友，又係經國政治
部任責任的副主任。

8 月 5 日　星期日

何敬之（應欽）日前往遊日月潭，昨日回台中，今
晨八時半偕劉司令安琪過訪。談及上次旅行日本六個月
之觀感，其中較為重要者有：

（1）日本雖係戰敗國，經美國用去卅餘億美元之幫助，
　　　其國內經濟已恢復戰前狀態。

（2）美國原擬扶持中國領導遠東，自馬歇爾來華主持
　　　國共合作政策失敗後，美國對華大感失望，停止
　　　援助，乃將扶持中國之計劃轉變扶持日本、強化
　　　日本，希望日本負領導遠東之責任。

（3）日首相吉田茂向何表示，中國必須依靠美國，反
　　　對英國，就是日本在和約簽訂後兩、三年內沒有
　　　力量幫助中國的。

（4）中國駐日軍事代表團很少發生作用的。

計談四十分之久。遂陪何氏分訪沈成章、莫德惠、蔣老
太太等，再陪同遊覽台中公園，十一時一同到劉司令家

午飯。飯後乘十二時四十分車回台北，余等送到車站。
午後三時，財政部錢幣司長金克和偕李永新、陳泮嶺
（峻峯）來訪問，克和來台中係參加台灣各銀行聯誼
會。據克和云，金融與經濟如同人身之血脈，以流通為
原則，我政府過去在大陸時，對金融、經濟都是用堵塞
政策，現在還是如此。省參會議長黃朝琴午後五時來訪
問，他是第一銀行董事長，亦是來台中參加銀行聯誼
會。香港四日合眾社詢，自稱中國共產黨民主革命聯
盟，自澳門以聲明書一份寄予合眾社，主張新式共產主
義，並團結一切真正共產黨人于第四國際之中，呼籲與
其他一切國家和平共存，不論政治形勢有何不同，並譴
責侵略性的極權主義，指責史達林、毛澤東背離馬克斯
原則，並奴役勞工。該聯盟稱已在中國組織武裝部隊，
名稱為解放人民軍云云。以中國如此之大，思想複雜，
共產黨分裂是意中的事。

8月6日　星期一

上午九時到鐵路飯店訪黃朝琴兄，十時陪黃謁蔣老
太太，因老太太內姪姚明良在台中第一銀行服務之故
也。此次與黃順便談申叔畫展事。開城停火會議因共產
黨違反開城週圍五里中立地區規定，美方宣佈暫停和
談，待獲得滿意答復，再開談判。共產黨答復美方「保
證今後不再發生類似事件，甚望聯軍代表繼續進行談
判。」無誠意談判，隨時要發生變化的。

8 月 7 日　星期二

近日天熱過甚，有時到九十多度。這是台中少有之暑天，再過數日即可轉涼。

8 月 8 日　星期三

訪杭立武兄，因他從美國回來，上次來談因時間太促，未能盡談。據杭云，美國務院對我方還未諒解。胡適之等前有組自由黨之意，現已作罷，胡決意擁護蔣總統。

8 月 9 日　星期四

美國政府七日將蘇俄最高蘇維埃主席團主席施維尼克，昨日致杜魯門總統一函中所稱，由包括中共在內的英、美、蘇、法五國締結和平公約的建議，已逕予拒絕。國務院指責蘇俄純係一個宣傳陷阱，國務院要求蘇俄執行聯合國憲章及完成其他國際上義務。

8 月 10 日　星期五

李崇年函介成文秀來見。成江蘇六合縣人，四十多歲，在齊魯大學畢業後留學美國，習農業經濟，現在豐原織布廠任顧問，代表四十架新紡織機股東。此新機係李崇年等添設的。李曾與余云，深感余生活困難，擬在此新機開工後予我接濟。成文秀本日送來四百元（台幣）。余告成曰，李先生盛意余甚感激，此款余暫保存，俟余日間到台北與李先生面談。

8月11日　星期六

午後一時偕麗安台中戲院看火海登陸戰電影，惟今日氣候特別的熱。青年黨秘書長劉泗英與該黨常務委員王嵐僧來訪問。據云該黨內部分裂，經多方調解，未能得到團結之目的。

8月12日　星期日

上午回看劉士英、王嵐僧，均外出未遇。訪彭醇士，據云現患肺疾，上午熱度卅六度八，下午卅七度二，咳嗽有痰，其遠因在廿餘歲吐過一次血。台中防守司令劉安琪上午來訪。據云將赴台北軍官高級班受訓，時間三個月，在受訓期間其職務由副司令施中誠代理。施副司令亦于下午四時來訪。

8月13日　星期一

今日落雨，天氣轉涼，這是暫時之涼。萬福麟先生在台中病故，生前友好商定組織萬將軍治喪委員會，聘余為治喪委員。擬于八月十九日在台北開弔會，余必須參加，又因申叔畫展事，擬于明日往台北一行。

8月14日　星期二

乘中午十二時四十分車，四時四十五分到台北。五時半李崇年夫婦來訪，並談及豐原織布廠接濟余款事（每月四百元），崇年主收下。晚七時郭部長寄嶠來談，現財政困難，意見太多，與美國人不易配合。此次徵兵，郭氏不贊成，因原有部隊軍需早感不足，何能再

徵新兵。最後美顧問團亦不以為然。其結果，只有將已
正在服役台灣兵四千人退伍，招新兵一萬二千人。

8 月 15 日　星期三

惟仁老太太身體較前進步，惟神智大不如前，這是
年老生大病後應有現象。倪超凡午後過談，他說現在中
央作風未改，內部意見還是很多，美顧問團亦難應付。

8 月 16 日　星期四

到李崇年家。據崇年云財政是困難，如政府能團
結，能克苦，還是有方法過此難關。

8 月 17 日　星期五

王東原晚間過談。據云中央擬派他為駐韓國大使，
我說韓國是經營東北橋樑，他去很好。

8 月 18 日　星期六

因天氣過熱，本日未出門。

8 月 19 日　星期日

萬故上將公祭典禮，今日上午在台灣大學法學院舉
行，余于上午九時廿分前往致祭。祭畢後與顧墨三同
至顧家談話，顧認為當下財政、外交均感困難。又訪何
敬之。

8月20日　星期一

麗安發寒熱，即所謂台灣熱，大陸上所謂副傷寒。現在醫藥雖進步，仍須一星期方痊愈。

8月21日　星期二

哲理木盟長達爾罕親王那木濟勒色楞公祭典禮，今日上午在省參議會舉行，余于上午九時卅分偕彥龍前往致祭。陸心亘家朱、汪兩位太太吵鬧不成樣孜，心亘請我即往北投朱太太說幾句話。我為心亘誠意所感動，特于今（廿一日）晨十時偕倪超凡兄親往北投。適朱太太進城未遇，特告其女公子，你們家不能再鬧下去，要趕速了結，否則必出事，大家沒好處。我特來忠告，望轉達你的母親，如何了結，可與倪超凡諸先生商酌。順便在北投訪王懋功（東成）兄，他留我們午飯。飯後王約深通相法，尤其精通手相黃某替我看相。說我的過去大都是對的，尤其看我手相斷定，以文兼武，有思想，但到思想最高時，不能得目的，而經濟思想更發達。又斷定我明年下半年起有兩年半時間，可以得素來目的。姑聽之可也。又云余壽命到七十四歲一關。廿一日晚端木鑄秋、李崇年先後來談，端木將因律師事務，擬明日赴香港一行。

8月22日　星期三

達賴喇嘛第二哥哥嘉木頓珠上午十時來會。據云日間將赴美國讀書，特來辭行。余告伊到美國後用心讀書，少交際，你們信奉佛教，又是達賴貴族之胞兄，共

產黨就是以你們為對象的，而美國社會亦是復雜，所以要少交際。今日下午得電中電話，麗安熱度雖退，仍頭昏，仍嘔吐，同時光叔亦發高熱，可能是麗安傳染。本晚七時劉愷鍾、裴存藩、梅恕曾、徐中齊四位主人，請我與何敬之、王亮疇、張岳軍、白建生、朱騮先、邵毓麟等晚餐，真正四川高等口味。

馴叔生男

八月廿一日收到少宮、馴叔八月十四日由美國來函報告，馴叔已于今（十四）午（標準時刻約一時半）產生男孩。聞之全家歡喜，我與惟仁老太太之歡喜，更非筆墨可以形容者。當即電告台中麗安等，並囑轉電馴叔寄娘蔣老太太。他們請我為孩命名，因此孩出生美國，故命名子美，大詩人杜甫先生別號亦子美也。擬以子美為乳名，如能依照林府班次命名，則更佳矣。並囑馴叔產後特別注意身體康健，已于廿二日作復矣。茲將少宮來函原文錄于後。

父母親大人：

兒等已于今午（標準時刻約一時半）得一男，重七磅五安士，母子情形均極良好，生產過程亦至順利。母體自緊縮作用以至嬰孩出世，歷時僅八小時，加以美國之進步醫藥設備，誠然減少痛苦至最低限度。現馴叔偕嬰孩住院，有醫生、護士隨時照料之便，按例一星期以後出院，回家料養。詳細情形當續稟告，謹先摘要奉為喜聞（孩名請大人賜予）。

兒等年來生活至為和諧，馴叔生性賢慧而樸實，誠

為家庭之幸福，堪為大人告慰。

　　前聞大人貴體小有欠適，今則必已康健如常，仍盼多攝珍補是幸。敬頌

鈞安

　　　　　　　　　兒少宮、馴叔叩　八月十四日

　　按紐約十四日下午一時半，即台北時間十五日上午二時半，即陰歷辛卯年七月十三日丑時。此孩生于伊利絡地方，其時間與紐約亦有不同。

8月23日　星期四

　　伯雄今晨赴台中看麗安等，夜十二時回台北。據云麗安病已好轉，家中亦極平安，光叔熱度亦退。連日身體不適，本日午後真正傷風咳喇，特效藥。體溫三十七度六，不能算高，惟我平常體溫最正常卅六度三至卅六度五。

8月24日　星期五

　　上午九時請朱仰高醫師看病，朱斷定是台灣流行傷風，體溫卅七度五，脈九十二。最近台北氣候惡劣，內地人受不了此種氣候，很多發大熱。惟仁老太太及麗安都是患此熱，雖熱度退，一時不易復元。此種病在大陸名副傷寒。

8月25日　星期六

　　陳果夫兄于本日下午四時五十分病故。陳患肺病四十年，受不了惡劣氣候，最日發高熱至四十度零五。

8 月 26 日　星期日

我熱度總不能退清，身體很不舒服。今晨八時帶病到殯儀館弔果夫先生。中央組織果夫治喪委員會，余為委員之一，上午九時出席該會。關于果夫喪事，兩日之詳情另有總括記載。改造造委員會秘書長張其昀于上午十一時來談，彼此交換時局意見，計談一小時而散。我以為當前外交、內政可以說就是美國人與台灣人兩個問題。張曰處理這兩個問題，還在內部。我又曰總裁應留一個方案為後一代人走。張亟以為然。

8 月 27 日　星期一
陳果夫逝世

陳果夫於八月廿五日下午四時五十二分病逝于台北青田街寓所。陳氏罹肺病數十年，時愈時發，來台後而益劇。近因氣候鬱熱，結核菌由肺入血，侵及腦部，遂告不治，遺體於五時卅分舁送極樂殯儀館。中央改造委員會旋舉行臨時會議，推定治喪委員卅七人，余亦為治喪委員之一。

廿六日晨八時半，余力疾赴殯儀館弔果夫之喪，然後至中央黨部出席治喪會議，十一時始散。

廿七日下午三時，陳氏遺體舉行大殮。治喪會公推何應欽主祭，余等陪祭。各界前往弔唁者絡繹不絕，全日達一千七百餘人。

果夫為余好友英士先生之胞侄，小余八歲。因誼屬通家，彼在陸軍小學肄業時，即已認識。數十年來，無論在公私場合，過從均密，而彼對余之尊崇，尤始

終無間。

果夫於民元前參加革命，二次革命後，英士先生殉國，彼益受黨中付託。洎北伐完成，並經抗戰戡亂諸役，彼或負黨的責任，或負政治責任，莫不有斐然績效，而對黨建樹尤偉。因招敵黨忌，遂以 CC 派系誣之。果夫為人寬厚而富熱情，於學無所不窺，平生著述幾二百萬言。現當神州未復，果夫竟撒手長逝，洵為黨國無可彌補之損失。余經撰聯輓之曰：

繼英士先生革命精神，黨國建殊勳，豈僅文章照奕世；

有范文正公為政抱負，治平抒碩畫，那堪風雨弔斯人。

亦寫實也。

8月28日　星期二

關于陳立夫回國事

陳立夫於昨年因政治環境發生問題，經我疏解出國考查。茲因果夫逝世，諸親友希望立夫回國。昨晚（廿七）張道藩、余井塘、胡建中、洪蘭友、蕭錚五人來會談，他們說果夫既已逝世，尚有老父八十餘歲及陳氏家務，均須立夫回國料理，託我向總裁進言，電令立夫回國。我答曰，在感情上言，果夫逝世，立夫應即回國，在政治上言，似應有所考慮。當即決定三個辦法：（1）由立夫尊翁勤士先生直接上書與蔣總裁，要求立夫回國；（2）尊翁勤士先生致我一函，由我轉請總裁；（3）由張、余、胡、洪、蕭五人研究，必須我向總裁說話，我即照辦。根據上項辦法，由彼等先與勤士先生商討。今日勤士先生偕其婿沈百先來晤談，向

我表示希望立夫回國，而惠夫轉述其母意（英士先生夫人），亦望立夫回國。當即由我上總裁一函，請電令立夫回國一行。原函錄後。

總裁鈞鑒：

敬呈者。果夫同志，遽爾病逝，追維往昔，悼念同深。鈞座兩臨其喪，俯賜弔唁，彌見矜憐。晨間勤士先生特來見訪，言次以其年事過高，經此拂逆，益感衰殘，頗望其次子立夫回國，料理家事。頃英士嫂復命其子惠夫前來，陳述其家事須人，亦切盼立夫遄返。再昨日鈞座臨視果夫遺容時，其夫人於哀戚中，亦曾面陳，衰翁年邁，上侍須人，懇望立夫早日歸來。伏念勤老僅此二子，果夫逝後，老境淒愴，家中各事，確須安排，其寄望於立夫之歸來，至屬殷切。擬懇鈞座電令其回國一行，以安存歿。謹代陳情，仰祈矜察。敬請

鈞安

吳忠信謹肅　八月廿八日午後九時

8月29日　星期三

經旬日之久，熱度今始退清，精神仍感疲困，飲食亦尚未復原。此次未成正式台灣熱，就是最後熱度不退，而且上昇，由申叔主張連服三日仙桃萬壽丁傷寒藥之功能也。本年流行台灣熱，稍一不慎，則有生命之虞。

8月30日　星期四

美大使館七月廿日送我政府備忘錄一件如後。

美大使館奉國務院命令轉達以下意旨

美國政府現正從事推進有關軍事及經濟上援助台灣及遠東其他區域之計劃。惟美國政府認為，在未獲得中國政府決與美國切實合作，將台灣軍事及民政開支置諸計劃管制之下之保證以前，對于援助計劃之有效實施，自感難于著手。因此美國政府請中國政府儘速擬議若干足以達成上述目的之實際步驟，提供美政府代表之考慮，及其與中國政府間之商討。此項步驟必須保證中國國民政府及包括省及地方機構在內之政府各部門所有資源、資金之預算及支出，均能經常予以有效之監督及管制，藉以維持軍事設置及人民經濟。美國經濟軍事援助計劃之有效實施，端賴上項辦法之設計。

又聞八月下旬，我駐美顧大使報告，據美國務高級人員說，如我不能撤銷軍隊政治部，則美國不能軍援。就以上兩個消息，是美政府向我攤牌。我方何去何從，要看精神與決心如何耳。何以人家對我如此，都是內部不團結與未能改變大陸作風，有以致之也。

8月31日　星期五

一、老友張溥泉先生今日七十冥壽，生前友好在省參議會舉行紀念，我于上午九時前往敬禮。

二、安徽同鄉（壽縣）友人張練之先生日前病故，本日上午九時半，特偕陸心亙前往極樂殯儀館弔唁。其

子湘澤前年轉戰大江南北，率部退安南，數月前間道來台，今能為父送終，何況練之僅此一子乎。

三、上午十時訪顧墨三兄，談及郭部長寄嶠，顧認為郭氏學識、體力、年齡均大有可為，不過郭不能行使部長職權。如參謀總長係在部長系統以內，而在現狀下，參謀總長周志柔資格高於部長，因此部長要聽總長的話，這真是反其道而行，所以政府事辦不好。顧這一番話很對的，政府如不實行制度，必無前途的。

四、上午十一時半接見黃雪邨、李宇清。在李德鄰代總統時，雪邨任總統府第二局局長，宇清任侍衛長。嗣雪邨隨德鄰赴美國，因相處欠諧，遂即返國。彼此暢論德鄰之失敗，均認德鄰不懂事、無學問、無政策、聽小人話的結果。

五、黨營事業裕台公司下午五時舉行第三次董事會，我是常住監察人，準時前往列席（是第一次參加）。

9月1日　星期六

台北寓所不適過夏，加之來往客人多，因此感冒。旬日深覺煩悶，故于今日上午車回台中休息。

9月2日　星期日

本日陰曆八月初二日，為麗安四十六歲生日。適李先良、佘凌雲過訪，特留吃麵。麗安不久以前生病，尚未復原。

9月3日　星期一

本日接陳惠夫一日來函，原文錄後。

禮卿老伯大人鈞鑒：

頃電尊府，承告大人已于今日赴台中，約三週後返，此想鈞體必已康復矣。姪昨晚返陽明山銷假，接經國兄電話，告以：「立夫來電，總統已見到，總統對其返台一節表示無意見，請由家屬決定可也。」姪詢以：「可否請總統電召其返國。」答曰：「亦可由家屬決定後自行去電」云云。又今日復接宏濤兄來函，節稱：「囑呈吳禮卿先生函，業經轉呈總統閱，不日或將與禮老面談。」除將尊蹤函告宏濤外，謹以奉陳，伏祈鈞察，並予指示為禱。

姪陳惠夫謹上　九月一日

就上函觀察，家屬很可去電促立夫回國。迨立夫抵台後，除侍奉老父及辦理亡兄果夫善後外，似以不參加現階段之政治為宜也。

9 月 4 日　星期二

今日分訪仲浮山、沈成章、李先良等。浮山年老，遇此惡劣氣候，身體失和。成章因九歲幼子日前病故，心緒不佳。

9 月 5 日　星期三

上午看蔣老太太，現在身體已復健康。據蔣老太太云，將于中秋節後先赴台北一行，然後回台中，再搬家台北郊外銀橋居住。至現在台中住宅，將改作裝甲兵招待所。

9 月 6 日　星期四

對日和會第一次全體會議，昨天（五日）由美國務卿艾奇遜主持，在舊金山舉行。又對日和約起草人杜納斯于和會第二次全體大會演說稱：「中國未能參加對日和會，深感遺憾。中日之戰開始于一九四一年，但公開戰鬥則始于一九三七年，中國受日本侵略之苦最久也最深。中國內部戰爭，和盟國意見不能一致，所以不能與會。」中國以戰勝國自居，將來有求于戰敗之日本，此皆咎由自取者也，有何說哉。昨日行政院決議，特派王東原為駐韓國大使。王係合肥鄰縣全椒人，與余素有交誼。

9 月 7 日　星期五

香港虎報載：「杜魯門總統為對外援助法案咨文國會，關于三億一千七百萬軍經援華。其中略謂，對華援

助需採取壓迫性之援助，因吾人需使美國人民之納稅獲
得一確實之保證。」這段話就是不信任中國，加強管制
援助之說。

9月8日　星期六
論官僚與政客產生背景

官僚產生之背景，大多在承平時候。由于專制政體
之箝制民意，個人意見不能發揮，欲做官者，則必須絕
對服從，否則即無法升官。因此將個人之勇氣、志趣完
全消除，而以逢迎上級、酬應同僚為主要之工作。對于
國家、社會悉置之腦後，不負責任，以推拖拉為做事方
法，所謂官僚政治也。

政客產生之背景，大多在紛亂時候。由于派系之分
立，互不相下，為政客者，遂縱橫捭闔於其間，或表示
親此疏彼，或擁彼倒此，挑撥是非，興風作浪，哄嚇詐
騙，以自重於各方，此即政客之作風也。

9月9日　星期日

由美國主持下之對日和約，于八日格林威治時間下
午五時，在舊金山歌劇院舉行簽字。參與簽字國家計
四十九國，蘇聯、波蘭及捷克未參加，中華民國始終未
能參加此和會，更談不上簽字。上午十一時台中防守司
令部施副司令來訪。據云上次突擊檢查戶口，捕拿逃
兵，技術欠佳，致使社會紛擾，人心不安。但這件事是
警察、憲兵及其他方面主辦者，中防部不能全權主持，
而且檢查條例先事亦保守秘密，不使防守司令部知。司

令部立于協助地位，而各方面不明內容，指責司令部，使司令部窮于應付，無詞以對。

9月10日　星期一

對于庸叔、光叔之指示

庸叔德、智、體三育基礎甚好，惟其行為之表現，影響堪虞。倘不積極糾正，雖有良好三育基礎，亦必受社會上之自然淘汰。特先舉較重要十點命其注意，其他關于性質動蕩、衝動及做事無始終，與夫讀書不用功，不知生活艱難等等毛病，還是很多，但心地忠厚是其最大優點。應全力注意外功，則前途必光明。茲將十點注意錄後。

一、莫多言。

二、莫多事。

三、莫出風頭。

四、莫做槓大（蘇州土語）。

五、莫畏難苟安。

六、莫見異思遷。

七、莫耽誤時間。

八、莫無故外出。

九、莫亂交朋友。

十、莫多用金錢。

光叔對于庸叔所犯毛病大多是沒有的，惟讀書聰敏及心地忠厚遠不如庸叔。他應與庸叔相反，全力注意內功。茲對光叔有如後四點指示。

一、存心忠厚。

二、建立信用。

三、功成弗居。

四、遇事謙讓。

申叔性質茲亦附帶言之

申叔身體衰弱，是其失敗最大因素，亦是余最大遺憾。申叔德、智二育均能表裡一致，惟其行為舉動，有如繪畫氣韻之風味太重，與人久處，容易發生誤會。申叔應全力注意身體強健。余三個兒子，以申叔生後三個星期死娘，現又體弱，真是唯一可憐人也。

馴叔性質亦一併言之

馴叔三育均極優良，其待人忠厚，讀書聰敏，與夫能吃苦、能忍耐、不說是非、不尚修飾，為余四個兒女中最優秀者，亦是余最歡喜、最滿意的女兒。惟行動似覺太慢耳。

9月11日　星期二

老朋友戢翼翹（號勁成）昨日下午四時過訪。彼此于辛亥年革命在南京認識的，當時余任南京首都警察總監，戢當時初任第七師團長，繼任該師旅長。癸丑年二次革命（討袁之役）失敗，我亡命日本，戢亡命南洋。嗣加入雲南團體革命又失敗，乃加入東三省奉軍體系有八年之久，先後任奉軍師長、軍長等職。戢原來是國民黨，迨民社黨成立，轉入該黨。以民社黨的推薦，曾任第一次三黨聯合政府的國民政府委員，余當時亦是國

民政府委員。戡現任民社黨常務委員，住家台中太平路
六號。

9 月 12 日　星期三

舊金山對日和會雖已閉幕，新形勢即將開始。日本
在蘇俄軍事壓迫、中共通商誘惑、左翼政黨煽動之下，
何去何從，深費心思。在日本人本身打算以不戰而得便
宜，是為上策。在美國希望日本能防俄反共，使太平洋
得以苟安，美國可以主力應付歐州及其他方面。至日本
用何種方法達到美國目的，則美國在所不計也。

9 月 13 日　星期四

上午九時偕麗安到施樸如家，訪問樸如老太太，並
送月餅等食物。施老太太七十有七矣，精神矍鑠，頗思
回返大陸家鄉。

9 月 14 日　星期五

近鄰徐復觀兄昨日由日本歸來，本日上午十時來
見。他此次在日本考察五個月，見聞很多。據云日本內
部意見甚多，其復興決無問題，將來日本再武裝問題，
是意見癥結之所在。就是再武裝話，過去高級軍官已失
信用，很少能再起用者。本日陰八月十四日，是光叔滿
十四歲生日，他是民國廿六年九月十八日出生，當時是
陰曆丁丑八月十四日。

忠告庸、光兩兒三不忘
一、不忘身體強健。
二、不忘功課進步。
三、不忘家庭生活。

9月15日　星期六

今日中秋節，施副司令中誠陪同七十七歲太夫人來我家拜節，實在不敢當。明日十六，中央上午公祭陳果夫先生，下午出殯。余既係治喪委員，必須參加祭典，特于中午十二時四十分車赴台北。

9月16日　星期日

本日為陳果夫公祭及出殯日期，上午八時半到台大法學院，九時整蔣總統親臨致祭後，中央黨部公祭，由居正主祭，余及陳誠、鄒魯、王寵惠、何應欽陪祭。余又于下午二時至極樂殯儀館，二時半參加治喪委員會舉行啟靈及發引祭儀後，于三時由殯儀館步行送靈，至台北車站廣場而散。送喪人數二千餘人，亦可見平時為人為事之一般矣。

9月17日　星期一

據章嘉云：「昨年夏季氣候最高溫度九十八度，祇有三天，今年夏季九十八度有四十三天。」我們來台三年，以今年為最熱，所以內地來的人很多發熱，類似副傷寒。本日上午回看友人桂崇基等。

9 月 18 日　星期二

　　上午八時陸軍總司令孫立人來會。據云現在士兵生活太苦，有四千人患肺病，而自殺者亦是常有的，殊以為慮。又表示現在很少說話，過去因太天真說話，招人誤會，于公于私，都無好處。計談一時半之久。陳勤士老先生偕陳惠夫、沈伯先于午後二時來談陳立夫回國事。我表示蔣總統既曰立夫回國由家屬決定，自可回國。至關于政治問題，應否回國，要請洪蘭友、余井塘等研究。新任韓國大使王東原午後四時來訪。他說曾往台中，適我來台北，他擬本月底起程赴韓國。王又說陳院長處境困難，有退休之意。

9 月 19 日　星期三

一、交通銀行總總理趙志垚清晨過訪。據云陳院長處境困難，有倦勤意。余曰必須忍耐一時。計談一小時。

二、惟仁老太太明日生日，偉國夫婦午後特來暖壽。據偉國云現負裝甲兵之責任，動輒得咎，不知如何做法纔好。余曰一切謹慎可矣。

三、午後一時偕申叔訪張元夫，參觀張氏收藏之古畫，並借石濤真蹟冊頁十二幅、惲壽平真蹟魚草一幅，俾申叔臨。

四、新任韓國大使王東原月底赴任，本晚郭寄嶠為王餞行，約余及孫立人、端木愷、周昆田作陪。

十九日午後五時，國防部大陸工作處第四組少將組長張載宇及賈成驤來見。他二人都是合肥同鄉，張載宇係前

隴南鎮守使孔繁錦女婿，賈成驤係北洋段芝泉執政時陸軍部長賈景德之子、宋哲元女婿。張、賈都是少壯將校。

9月20日　星期四

　　立法委員蕭錚（青萍）將赴美國參加土地會議，今晨特來辭行。今日陰曆八月廿日，惟仁老太太六十八歲生日，錢慕尹夫婦、居覺生夫婦等特來拜壽。十二時卅分參加台北賓館蔣總裁招待中央評議委員午餐，並由改造委員會秘書長張其昀報告一年來改造委員會之工作，及其工作之檢討。陳行政院長辭修（誠）于本晚八時來談。其談話之要點有：

（一）陳院長說此次在草山訓練團演說，國家財政困難，應從各方面節減，而立法院不應領之款均已領去，以致立法委員向劉健群算賬。余云陳院長肯如此說，就是表現有擔當、敢說話，非與一般官僚可比也。

（二）陳院長說現在環境困難，不得不辭去行政院長職務。我說你做院長既未失職，又未貪汙，為何要辭職。即有困難，你不解決，換一新人就能解決嗎？還是勉為其難繼續下去。

（三）我說你是總統惟一幹部，總統對你信任最深，有任何話應該很坦白向總統說明。陳曰有行政院長地位反而不好說，如果我（陳）辭去行政院長就好說話了。

（四）郭部長寄嶠迭次向我說，他任部長有責無權，

許多事別人要辦，不得不簽署。他想辭去國防
部長，我勸他不能辭職，應幫忙陳院長。陳答
曰寄嶠是現代軍事上惟一的人，頭腦很清楚，
辦事有分寸，前途是有希望的。我又曰還要請
你多多關照他。

計談一小時卅分，盡歡而散。

9 月 21 日　星期五

我國駐巴拿馬大使鄭震宇奉命回國述職，本日午後
四時過訪。據云美政府對我印象太壞，如空軍毛邦初、
周志柔互攻貪汙案，使政府信用掃地。我政府政治措施
（如軍中政治部）尚欠民主，尤為美方所不滿。現在美
援（尤其軍援）已在停頓之中，如不即早設法轉變，于
我方頗為不利。

9 月 22 日　星期六

下午五時到仁愛路卅八巷五號吳鐵臣家，出席第一
區分部第一小組會議，討論小組工作問題。近日忽患咳
喇，身體感覺不舒服，台北氣候與一般環境實在與我不
相宜。

9 月 23 日　星期日

上午十時參加裕台公司常務會議，討論明年度預
算。會後該公司為王大使東原餞行，余因身體不適，未
入席即辭退。東原亦係裕台公司監察人。上午十時在周
昆田家見羅時實兄，東南大學畢後留學外國，嗣隨陳果

夫兄辦事多年。此人品學俱優。

9 月 24 日　星期一

徐自辰（永昌）上午十時過談，對于現在局面，與美國人未能合作，頗為顧慮。

予申叔養病之指示
一、養病必定要承認自己有病。
二、養病必定要身安心靜。
三、養病必定要有恆，倘無恆，不但不能養病，就任何大小事件都不能成功的。所謂「有恆為成功之本」。

昨、今（廿四）兩日咳喇，雖用各咳喇藥，仍未見效。夜間因咳不斷，不能安眠。

9 月 25 日　星期二

王東原兄奉派駐韓大使，行將赴任。安徽同鄉本晚七時假糖業公司設宴餞行，計到余及運啟、福庭、伯度、幼洲、紫楓、寄嶠、月祥、波鳴、昆田、通和、亮功等廿五人，賓主均歡而散。

9 月 26 日　星期三

宋希尚兄約晚飯，有星期家紫虛上人（姓謝）在坐。此人星相經驗宏富，理論甚深，決非一般星相家可比。謝對李宇龠算命不大佩服，謝批評余的個性，以及過去之得失，甚為符合。又說余明年下半年還要出山，

時間約三年有餘，但甲午年要留心（民國四十三年），
恐有大困難臨門，抑或身體大病。他保證壽命八十左右
（大約七十八、九）。他批評申叔亦是很對的，說申叔
身體內臟有病。說申叔廿三歲要出風頭，廿五歲不大
好，明後年都是很好，乙運亦是很好的。但一般人批評
申叔明後年及乙運都不好的。究竟誰人說的對，以待證
諸將來。他又說申叔明年可以出洋，堅決主張習外交，
說申叔做經濟事不能成功，經商亦不可能。

9 月 27 日　星期四

咳喇已一星期之久，仍無進步，夜間咳尤甚焉。近
三日咳有痰，據云好的現象。

9 月 28 日　星期五

陳行政院長上星期四向總統辭職，已經批示慰留。
但陳院長當前困難還是無法解決，所謂困難者，唯一是
財政，其他外交等等。

9 月 29 日　星期六

我在民國十五年前未記日記，十五年有簡單日記，
如起居行止等，自廿七年後則有較詳之日記。現從十五
年起開始整理，但年久記憶不清，年老回憶困難，經兩
個月時間，纔理出十五、六、七，三年。俟自十五年至
四十年整理完成後，再回憶十五年前之大事，不知時間
能許我否。現在正整理民國十八年周遊歐美記載，惟感
文理不足，往往詞難得意，奈何。

9月30日　星期日

　　友人殷紹丞之子光霖、女雪萍，今日上午九時半來見。光霖在台大農學院習農藝系，係四年級，雪萍現年十六歲，在台北女子師範習普通師範科壹年級。他的姐姐雪茜嫁廣東人李友錡，現任岡山通信學校機務組教官。光霖很衰弱，據云有神精痛的病，已有數年之久。今日趙志堯（交行經理）、劉士毅、陳漢平、李崇年等過訪。

10 月 1 日　星期一

美國聯合參謀首長布萊德雷昨日在東京重申聯軍立場，不再在開城談判，其談判地點雙方應享平等權利。韓境停戰必須在一條具有軍事意義線上，予以解決，而卅八度無論如何是毫無軍事價值的云云。布氏這種申明，等于向共軍攤牌，如不接受，則韓戰必更激烈，甚至轟炸東北及其他方面。

10 月 2 日　星期二

高長柱陪同戴天強（蒙城人）來見。戴是做電影事業，擬放電影救濟香九安徽難胞，要我指示。我表示意義是好的，但太複雜了，我無法拿出主張，請你與熱心此事諸同鄉商量為宜。咳喇已稍愈，仍服崇年夫人所贈之藥水，尚有效力。

10 月 3 日　星期三

立法委員李永新清晨來訪，談立法院長劉建羣亂用公款，引起風潮。又談行政院宣佈臨時省議會組織法，立法院擬將該案退回行政院。余曰此法係臨時性質，立法院應勿使行政院為難，否則必影響地方問題，更難解決。上午朱騮先過談，計談二小時，都是自然談談，並無一定意見。午後張湘澤夫婦過訪，他父去世時，余往弔，今來道謝。他想在軍事機構得一位置，余允問問國防部能否代為設法。

10月4日　星期四

駐韓王大使東原即將赴任，特于今晨去訪問王氏，並道謝他親到台中送奶粉等等。到中山堂參觀任博悟先生金石書畫展覽。就繪畫而言太複雜了，其中尚有氣魄數幅山水，至花鳥、人物則等于零。此種畫赴外國（菲律濱）展覽太笑話了，好在書法尚佳。回看歐惜白、羅時實等，均外出。又回看羅卓英，亦外出。

10月5日　星期五

未出門。咳喇日漸全愈。朱騮先過談。

10月6日　星期六

回拜訪程天放等。王東原將赴任，午後來辭行。

10月7日　星期日

合肥同鄉計光文，卅七歲，軍校第十九期步科畢業，曾任營長，在大陸作戰，久死一生，現失業。今晨來見，擬謀一位置。下午二時訪張岳軍，交換時局意見。他說我聽，計二小時之久。他說的接論有：
（一）財政收支不平衡，祇得寅支卯糧出售期貨，如此常久下去，必定影響金融，通貨膨脹。
（二）美國經濟援助注重生產建設，不能挪作他用。
（三）美國軍事顧問前提之意見，政府將陸續接受。
（四）政治內部雖有意見，不致發生問題，可以平穩下去。
晚八時蔣總統在官邸招待新近由港來台之伍憲子、李福

林晚餐，約我作陪。憲子原係保皇黨，嗣與張君勱組織
民社黨，前年該黨分裂，憲子走開。憲子與舊金山反對
政府報紙主辦人李大明有交誼，擬赴金山一行，代為
疏通。李福林係本黨老同志，年已八十矣，擬在台灣
久居。

10 月 8 日　星期一

上午八時半到中央黨部，參加紀念週及本黨立法委
員黨部第一屆委員就職宣誓典禮，蔣總裁主席監誓，並
訓話。

10 月 9 日　星期二

立法委員江一平、楊幼烱午後六時來訪談。江是有
名律師，楊是主辦中華日報。

10 月 10 日　星期三

今日係民國四十年雙十國慶日，上午九時總統府舉
行慶祝典禮，蔣總統一再期勉明年返回大陸。十時在總
統府廣場舉閱兵式、分列式，蔣總統親臨主持，余特前
往參加盛典。是日也豔陽普照，總統府內外氣象一新，
喜氣洋溢。此次參加閱兵，分列軍隊計有一個軍（三個
師）及裝甲兵車隊，各戰士身體健壯，精神飽滿，隊形
嚴整，動作敏捷，一望而知久經訓練之師，此乃反攻大
陸必獲勝利之象徵。至十二時四十分，分列式完畢，乃
以不及十分鐘時間，將全軍集合廣場閱兵台前，如此迅
速，殊屬不易。蔣總統親予訓話勗勉國軍將士，應以不

撓不屈精神，奮鬥到底。而參加觀禮之外賓，對于軍隊
之表現，亦無不稱贊不已也。

10 月 11 日　星期四

余于上午十時到台北賓館參加中央執監委員談話
會，蔣總裁親臨主持。先由改造委員會張秘書長報告改
造工作，繼由數位委員相繼發言，都是交換易見性質。
十二時散會後，總裁與各委員舉行聚餐。

10 月 12 日　星期五

乘上午八時半車回台中，阿謝同行。謝因布廠事，
日前到台北。

10 月 13 日　星期六

與李先良談話，彼此均認為美國軍經援助台灣，表
面上看法雖有距離，但內容日見接近。老友陳光甫兄年
事已老，迭來信想我到香港與他見面談談。他有赴美國
之意，又說上海銀行事已辭三次矣。

10 月 14 日　星期日

昨日日夜大風，至今晨甫息。今。理字範圍既廣且
大，所有萬事萬物都離不開這個理字。吾人日常所用大
別言之，不外情理、事理、法理。

10 月 15 日　星期一

咳喇雖愈，仍不除根，夜咳尤甚。身體雖無他病，

其強健就不如前。今日再開始打 B 十二補針。

10 月 16 日　星期二

上午徐佛觀介紹同鄉張佛千來見，佛千原來任陸軍總司令部政治部主任。本晚本市黨部主任委員王通，與國大代表李芳池（號滇峯，河北人）來見。因本區時有小偷，影響治安，曾經組織義勇警察，惟經費困難，設備欠缺，尤其缺少交通工具自行車等等。擬酌予募捐，請余作發啟人之一，當即贊成。仲浮山老先生晚間來暢談。

10 月 17 日　星期三

符建章與吳何畏來見。吳現任金門駐軍副參謀長，據吳云我軍數次小部隊突擊，均無結果，對方敵軍在福建沿海四個軍，防守嚴密。

10 月 18 日　星期四

老友陳光甫一生經營唯一上海商業銀行，業已失敗，伊責任已盡，擬赴美國，想與余見面。我擬晉謁蔣總統後，也許赴香港一行，擬明日赴台北。英國與伊朗石油糾紛尚未了，而埃及繼之宣佈廢棄英埃條約，又拒絕成立中東聯防公約的建議。又繼之以暴動，英軍向暴動份子射擊，死傷數十人。現在英軍增防蘇伊士運河區，同時巴基斯坦總理阿里漢被暗殺殞命。以這些不幸事件看來，回教國家迭生事件，西方國家深感不安。

10月19日　星期五

乘中午十二時四十分火車，四時四十分抵台北，彥龍、伯雄來迎接。閱晚報知立法院長劉建羣以黨員身份向總裁提出辭呈，已經總裁批准。劉即于今日向立法院院會提出辭職書，立法院通過接受劉院長辭職，並決定定期選舉院長。又據郭部長寄嶠來云，陳行政院長于本星期二在院會正式表示辭職，遂將辭職書送呈總統。蓋劉、陳辭職之因素，劉因用人、用款不合手續之失當，受立院同人之攻擊。陳因各方意不能一致，迭起糾紛，無法推行政務，但要負政治之責任。值此內外形勢均在艱難之際，為何不團結，使政治尚無此乎。

10月20日　星期六

前廣東省主席羅卓英（慈威）過訪，他住屏東。此人文學甚佳，可稱文武兼資。前台中市長、現任總統府機要室副主任陳宗熙晚間過訪，並談時局，未能樂觀。

10月21日　星期日

魯蕩平（號若衡）本約定今日上午八時半過談，臨時因沒有交通工具，故我往魯處晤談。魯擬謀立法院長，想請我說話。告以此事由本黨提名，必須經過改造委員會，恐不易成為事實，若無把握，不必進行。魯很以為然。午後三時鄭震宇來訪，談國際形勢。

10月22日　星期一

晨五時卅分余為強烈地震所驚醒，即披衣起床，門

窗搖幌，旋即停止。俟後整日都有斷續之地震發生。此
次震源發生于花蓮、宜蘭、台中等縣交界之南湖大山，
最強達六級震動，時間最長達三分鐘。幅源之廣，遍及
全省，以東部、花蓮等地震動最烈，即遠在海峽中之澎
湖及金門，亦有輕微之地震，為台灣省十年來所未有。
花蓮死傷逾百人，房屋大部坍塌，交通、水電全斷，實
為空前震災。

10 月 23 日　星期二

　　余決計赴香港一行，今日上午上午十時卅分到總統
府晉謁蔣總統。其談話如下：

一、陳光甫即將赴美國

　　我前年在香港時主張光甫離開香港，他因一手創造
之上海銀行及中國銀行之事業，及對一般同人的責任，
不能即時離開。現在大陸業務完全失敗，決計赴美。光
甫在國內外負盛名，乃一有名之事業家。光甫入國民黨
是我介紹的，我擬到香港為光甫送行。總統曰他還沒有
走？答曰沒有走，我此去想向光甫說明總統對他情感，
仍請他到繼續幫助，又我的兒子申叔擬偕同到港檢查身
體。總統曰可矣。我的出境證要經國替我辦。總統曰不
成問題。

二、關于黨政我的意見

　　（甲）總統去年復位，我主根據法統，但法統憑藉
　　　　　者為國民大會及立法院。以目前情勢，何日
　　　　　能返大陸，召集國民大會，並改選立法委
　　　　　員，現均無法確定，因此法統將有終斷之

虞。在此青黃不接時期，應如何補救，似應
早考慮。

（乙）本黨改造，我主張保留國民黨三個字，以一
年餘之經過看來，此點尚屬正確。在此一年
餘之時間負改造責任諸同志，固已盡最大努
力，惟見仁見智，各有不同，當難盡滿全黨
同志之願望。改造委員會當前唯一應該做的
事是自身團結、自身安定，然後謀各方團
結與安定。能如此，始可維持台灣，應付國
際，反攻大陸。例如行政院長陳誠、台灣省
主席吳國楨就是不能合作的，你（總統）要
想法使他們合作。陳誠去年任行政院長，是
我贊成的，後來吳國楨以去就反對陳任院長
的，也是我疏通的。當時我告國楨曰，蔣總
統復位第一件事提陳任行政院長，你（國楨）
這時以辭職反陳任院長，是等于拆台的。你
如要辭職話，應該等陳之院長組織完成，然
後辭職，亦未嘗不可。國楨曰接受禮公意，
現時暫不辭職。最近陳誠向我表示要辭院長
職，我告陳曰，總統對你最信任的，你自任
院長以來，既未失職，亦未貪汙，無辭職之
理由。陳曰有困難辦不通。我曰你有困難，
別人來做，就沒有困難嗎？愈有困難要愈加
努力。總統時間太忙，恐怕不知下情，請多
多與他們見面，問他們有何困難，總統即代
他們解決困難。陳誠自任台灣省主席及行政

院長以來，相當有成績，但個性太強，難免招
人不滿，其肯負責任是其優點，總統對我于陳
之批評如何。總統答曰很對的、很對的。

（丙）昨年總統復位後，對李德鄰採不理的態度，
到現在還是如此。閱香港報，最近顧孟餘、張
發奎、黃旭初、童冠賢等已赴日本。總統問那
個報？答自由人報。他們此去必有國際背景，
他們素來與李德鄰有關係的，似應注意。

（丁）關于郭寄嶠事，寄嶠頭腦清楚，辦事負責，
總統是知道的，在安徽後起人中值得培植一
個人。他對總統忠實是百分之百，我是知道
的。惟現在世界上科學進步，軍事方面已到
原子與雷達時代，我們國家亦應派有軍官到
外國考察，倘有機會，能使郭寄嶠去國外考
察軍事，則將來報效總統，必更充實。我這
個意見是供總統參考，不知總統對郭寄嶠出國
意見如何。總統答曰恐怕他走不開。余又曰若
有機會，准他出去如何。總統曰可以的。

（戊）請總統不要發皮氣，我們年事已高，發皮氣
身體很吃虧，發皮氣亦不能解決問題的。如
有事件，應該由主管負責，要他們解決問
題。不能遇有問題不能解決，向總統身上
推，反說人家種種不合作的破壞，這是萬分
不對的。同時一般辦事人亦太幼稚了，如自
由中國刊物登載失實，我們可以不理他，要
他下次不可如此，亦可申明查辦。此事更可

依法辦理，為何鬧到政府身上，使世界上說
我們不民主、不自由。又如突擊檢查是為捕
逃兵，為何鬧到社會騷動，人心不安。我對
一般情形是明瞭的，因住在台中，與總統見
面機會較少。總統曰希望常到此地來。
因待見總統客人尚多，未能久談，遂即辭去。

10 月 24 日　星期三

上午電話蔣經國代辦出境入境證。經國答曰總統已
經吩咐辦理，遂即將照片送去。午後訪旅行社程樹仁先
生，託其代辦香港入境證。又致函光甫兄，告以已向當
局說明，來港為兄送行。交通銀行趙總經淳如招待晚
餐，有薛伯陵（岳）、何雪竹、周佩箴、嚴家幹等在
坐。高大經晚間來訪，他現任聯勤總部特勤處長，專司
招待美國軍事顧問團事務。立法委員齊世英來訪，談他
遊覽日本之所見聞，可惜政府未能採納他的意見。齊立
委係反對該院院長劉健羣主動人之一，他們想繼續反對
陳行政院長。我認為立法劉院長既已辭職，而新院尚未
選出，又來反對行政院長，似覺不妥。齊表示從緩。

10 月 25 日　星期四

上午十時訪陳靄士先生。他現患糖尿病及氣管炎，
臥床未起，骨瘦如柴。他託說項恢復總統府國策顧問待
遇，當允代向總統進言。自廿二日起一連三日，時有大
小地震，今日仍有數次小震。此次受災，即以花蓮一
處而論，死卅五人，重傷五十七人，共計房屋損毀（民

房）一、一一八幢。

10 月 26 日　星期五

午後三時偕李崇年到北投回看薛伯陵（岳）。薛原住台南，日前來台北，曾兩次來訪。薛近來不斷讀書，很有進步，當然前途可期。

10 月 27 日　星期六

經國午後來告，赴港出境證日內即可辦好，因我外出，由惟仁老太太接見。午後三時出席總統府區分部第一小組部第十二次小組會議。今次會由我招集的，討論本小組工作諸問題。散會後，端木鑄秋約吃小館，並市外散步。

10 月 28 日　星期日

庸叔學校放假旅行，他于廿五日來台北遊覽，今晨返台中。黃金濤、劉愷鍾、侯家源（甦民，台灣交通處長）先後來訪。

10 月 29 日　星期一

午後出席中央銀行常務理監事會議，通過該行四十一年度預算。洪蘭友患病，特去訪問。他是少年時有肺疾，現在復發，尚無重要。改造委員會（管情報）第六組主任唐縱（乃健）來訪，暢論第三勢力過去與現在的情形。

10月30日　星期二

　　我的出入境證已辦妥，惟申叔出入境證因係兵役年齡，出境證須省政府主席批准，故須稍緩日期。但已將入境證先行發給矣。

10月31日　星期三

　　本日係蔣總統六十晉五壽誕，上午九時到中央黨部簽名祝壽。上午十一時中央改造委員會張秘書長其昀來訪，暢論當前一般政局，均認為必須團結安定，纔有出路。計談一小時。現在立法委員活動立法院長者很多，但多有派系關係，不易選出，或出超派系之冷門，亦未可知。如同鄉李運啟年高公正，超出派系，如能選任院長，甚為相宜。余特徵詢李之意見，他以才力不及，實難負此重大責任。關於香港入境證事，曾函託陳光甫兄就近代辦。茲得復，要將我們將來回台灣入境證照相寄去，然後港政府始能發給入境證。因此至快須旬日後始可辦妥。午後台中防守司令劉安琪來訪，他說關于軍事上最重要之原則有：一、選將授權；二、簡單扼要；三、下情上達。

11 月 1 日　星期四
上午九時到國貨公司參觀為總統祝壽之畫展，其中也有甚好的作品。

11 月 2 日　星期五
在台北居住實在煩擾，特于今晨返台中休息。一俟香港入境證辦妥，即回台北。

11 月 3 日　星期六
得伯雄來函云，申叔昨日赴英領館，接洽香港入境證，結果圓滿，約一星期可以發出。至此台港出入境手續暫告一段落，靜待港方入境許可。

11 月 4 日　星期日
昨、今兩日都是拜訪台中友人戢翼翹（勁成）、沈成章、徐佛觀、李芳池（滇峯）、仲浮山、陳泮嶺（峻峯）、施中誠（樸如）等。伯雄來函，申叔台灣出境證已于昨日收到。

11 月 5 日　星期一
論語說：「事君數，斯辱矣，朋友數，斯疏矣。」余終身服膺此二語，所以事上處友都能長久。余與蔣總統數十年交誼而無芥蒂者，乃得力於此。「求其在我，盡其在我，與人無患，與物無爭」，亦是余以此四語作為終身座右銘者也。

11月6日　星期二
昨日致申叔一函論開畫展事

　　國畫在過去一年似覺消沉，經此次省展，又漸抬頭。尤以吳主席國楨在全省展覽開幕致詞中有：「藝術家兼取西畫、國畫之優點，而創造一種新的藝術風俗。」此段話與我素來見解相同，而陳樹人先生就是如此作法，爾繼承樹人先生也是向此道進行。以爾之環境，要拿出大畏之精神，盡其技能之所及。由港回台後，在身體許可原則下，速開畫展。這與爾高尚人格及社會地位關係太大，成敗利鈍，在所不計。無論做什麼事，對自己虛心則可，對自己唱高調則不可。何況爾的作品有展覽價值，又何況年未弱冠青年畫家。爾的畫展必定廿歲以前舉行，不可一再延遲，遺將來懊悔。至高雅繪畫，比在衡陽街與世膾、奸商、無賴為伍，大有天壤之別，更不能同日而語也。

11月7日　星期三

　　自國府成立以來，大小負責諸公多喜兼職，包辦一切。其結果，包而不辦，不盡職責，一事無成。倘一個人專做一件事，我相信很少失敗的。

11月8日　星期四
補錄四月十二日給申叔五項指示

一、每一個人一生窮通得失，多受習慣之支配。每一個
　　人多不知道自己習慣，更不知道習慣之優劣，要時
　　時予以檢討。

二、無論對人對事之態度，應相當明朗化。往往一件
　　很好的事，或沒有事，因態度若隱若現不明朗（如
　　同作畫氣韻），使人懷疑，使人討厭，更使人不信
　　任，乃致發生大誤會，大糾紛。

三、我託人家事，或人家託我的事，應首先考慮能否兌
　　現，然後按時兌現，千萬不可拖延。倘兌現過時，
　　使人家不歡喜事小，使人家不信任事大，所謂出力
　　不討好是也。就是自家想辦的事，亦要守自己信用
　　兌現的，纔對得著自己的。

四、借人家物件要按時歸還，倘未約定時間，更要提早
　　歸還，使對方愉快，下次再借則較易。俗謂：「好
　　借好還，再借不難。」

五、人家向我說話，方開口尚未說可所以然，即與人以
　　辯白或關門態度，這是最不禮貌的，下次人家再不
　　向你說話了。

11 月 9 日　星期五

　　原擬明日赴台北。頃接電話，往香港入境證，仍須
三五日後始可辦妥，故明日台北之行作罷。

11 月 10 日　星期六

　　英國保守黨七十六歲首相邱吉爾昨夜發表演說。大
意如後：

一、他恐懼「蘇俄與西方國家，或將失足陷入，互相牽
　　扯，而終致陷入第三次大戰中。」

二、世界現以龐大軍力，配以可怕武器，雙方隔著一道

鴻溝，互相虎視對壘的局面。雙方不願戰爭，而雙
亦均恐懼戰爭之結果，擔心他們或將失足陷入，或
則互相牽扯而終致陷入鴻溝中。

三、美國抵抗共黨侵略之努力，是維護世界和平真正主
要基礎。

四、對偉大盟邦美國有最大之感謝，現美國已登世界領
導地位，無任何野心，僅為最崇高之目標，服務之
一念而已。

就上演說，邱氏對世界戰爭看法，及對美之推崇，十分
正確，堪稱為世界當前大政治家。

11 月 11 日　星期日

擬明日赴台北，等待香港入境證，以期早日赴港。

11 月 12 日　星期一

乘中午十二時四十二分車赴台北。車中遇名畫家張
大千先生，暢談繪畫，他已知申叔繪畫。車中又遇國大
代葛筱東及趙憲文、劉漣漪多人。

11 月 13 日　星期二

上午八時半接見蒙古立法委員李永新。他很了解立
法院的派系之意見不易一致，院長之選舉，大感困難。
計談一小時。他在過去對于邊疆與我主張不配合，我最
後強調曰，過去彼此連繫不夠、彼此了解不夠，所以
對邊事相當吃虧，今後我們多連繫、多了解。我已年
老，早已不負邊疆實計責任，但我在中央唯一深知邊地

情形，當盡心力為邊疆作福利之主張。李答曰今後一切
聽禮老領導。陳布雷先生逝世三週年，今日（十三）上
午十時，生前友好假新生報禮堂舉行紀念會，推王寵惠
主祭，我等二百餘人配祭。下午四時接見陳石泉先生。
陳安徽人，在中央大學畢業後留學英國習哲學，人甚活
潑，頗有思想。他前與張其昀合辦英文刊物，因彼此意
見不合分裂，想出國亦不可能。我勸忍耐。晚八時程立
法委員中行（滄波）來訪，他是江蘇常州人，素來辦報
紙。計談二小時，都是無邊際閒談。今日上午參觀全省
畫展。

11 月 14 日　星期三

　　午後三時接見青年黨常務委員王嵐僧，據云「該黨
自陳啟天等違法召開代表大會分裂後，已數月之久，經
友黨之調解，亦無結果。不得已乃于本月六日在大華新
村召開第十二屆代表大會，選舉李不韙為主席，劉泗英
為檢審委員會主席，現在正在研究如何使陳啟天有台階
可下云云。」國民黨始終採取超然態度，是很正確的。
青年黨現在台灣國大代表六十二人，參加此方四十二
人，參加陳方二十人。在台立法委員十三人，參加陳方
僅二人。監察委員八人，參加陳方僅一人耳。

11 月 15 日　星期四

　　正午十二時卅分，參加蔣總統在台北賓館招待總統
府諮政、國策顧問、戰略顧問午餐，席間總統請同仁發
表時局意見。午蔣緯國岳父今日六十大慶，特于上午九

時前往慶祝。又回看程滄波、王寒生等。今日接陳光甫
昨日（十四）由香港來函，云：「港移民局詢問吾兄來
港公務，復以因商務事體而來。因該局接到台北英領館
代兄申請入境證，故有此調查也。此事大致可成，何日
動身，務祈先期賜告云云。」香港入境證既無問題，待
此件收到，即定飛行日期。

11 月 16 日　星期五

陳伯蘭擬進城與我見面，因陳過去常來訪問，所以
此次特往北投訪問陳氏。上午九時陳氏派車迎接，並在
陳處午餐，有王東成在坐。彼此隨便談話，頗為愉快。

11 月 17 日　星期六

此時專待此間英領館發給香港入境證，以便決定行
期。與李崇年暢論中國工業建設。

11 月 18 日　星期日

陸心亘想競選立法院長，問我意見。答曰順應自
然，不必勉強。今日立法委員程滄波、趙允義、榮照等
來見。趙、榮綏遠人，因其同鄉杜長城犯法交軍法審
辦，託我幫助。答曰此事未便說項，只能向郭國防部長
問明耳。又接見桂崇基、劉愷鍾等。

11 月 19 日　星期一

我向申叔曰：「你因身體關係，讀書前途如何，不
得而知。你既有繪畫天才，所以我全副精神促進你向此

道邁進，擬在繪畫方面確定你的一生高尚人格與高尚地位，這也是盡為父責任之道也。」

11 月 20 日　星期二

中央委員葉秀峯來見。他曾任中統局局長，嗣該局改為現在的內政部調查局。據云調查局現破獲一個較大共黨案件，內中牽連中央委員張民權，及主計處主計官，以及茶葉公司總經理等。我向秀峯云，在大陸時流行一種口號「只要做，不怕錯，就是做錯，也比不做好」。這段話毛病太大了，無論做什麼事，總以不錯為唯一之原則。我們退一步來說，當本黨完成北伐，國家統一，勢力十分雄厚之時，萬一處事稍有錯誤，尚可設法補救。今者失敗，只剩台灣孤島，再有錯誤，必定無解。比如一個年青力壯人，小受風寒，毫不介意，如一個年老氣衰人，小受風寒，往往因之而不起。秀峯曰過去也有只要做，不怕錯觀念，今則恍然大悟矣。

11 月 21 日　星期三

中國旅行社程總理樹仁來電話，告以香港政府拒發我們入境證，比即偕申叔至程宅晤商。程主張即將我們台灣入境證相片，再寄陳光甫先生，請其再向香港政府代為申請入境。但香港政府既已拒發，如再申請，亦恐希望不多，只有本盡人事待天命，再為一試耳。香港是中華民國領土，百餘年來為英帝國主義侵略而佔有，我們必抱定國家領土完整之精神，待機收回香港。中華民國受英帝國主義侵略最長久、最痛苦，我們黃帝子孫，

永遠反對英帝國主義。在程宅晚飯。

11月22日　星期四

　　香港入境證既未辦好，居住台北，實覺無聊，特于今晨乘車回台中休息。

11月23日　星期五

　　今日開始打B十二補血針。李先良上午過談。據云他看外文報，美國在聯合大會對共黨表示態度雖強硬，但英國還是從中謀妥協。而美國急望韓戰停火，放回戰俘。台灣居被動地位，萬一國際假和平成功，可能犧牲台灣。

11月24日　星期六

　　頃閱（中午十二時二十分）報，驚悉老朋友、老同志居覺生（正）先生，突患腦溢病逝世。聞居先生昨日晚餐時，談笑如常。餐後提筆為戴季陶先生遺著「孫文主義之哲學研究基礎」提一封面，並記憶辛亥革命先烈張振武冤獄事，完成三百餘字。至十一時卅分腦溢血逝世，家屬延醫診治不及，享壽七十有六。居先生一生革命，無役不與。居先生是過去西山會議派主要份子，與蔣總裁不免有所意見不同，但彼此私人感情如常。居先生與我認識四十餘年，吾子申叔為居之猶子，其感情之厚可知也，今聞逝世，悼痛良深。今日快車已趕不及，擬于明日午間快車，赴台北弔唁。論居覺生先生之為人，就革命方面說，是敢作敢為的，是可佩服的。就個

人事業方面說，似覺過于熱忱，未免吃虧耳。我昨夜二時醒後，至天明未能安眠。晨起執筆寫作，毫無興趣，甚至起坐失常，莫非老友覺生兄分離之感應也。

11 月 25 日　星期日

乘中午快車，于四時四十分到台北。比即偕申叔到極樂殯儀館弔居先生，瞻仰遺容，面目如生。余安慰居夫人曰：「居先生福壽全歸，功在黨國，而兒女都已成人，嫂夫人不必過于悲哀」云云。余抵寓後，知居先生于廿三日逝世日下午尚下帖，請余于廿四日下午六時晚餐。人生無常，感慨殊深。王司法院長亮疇于七時招待晚餐，在坐有張默君、馬超俊、張其昀、狄君武、谷鳳翔諸君。餐後張其昀到余家談話，隨便交換時局意見。

11 月 26 日　星期一

本日下午三時半居先生舉行大殮，由全體治喪委員主持，陳主任委員誠主祭，我等全體治喪委員四十八人陪祭，堂內空氣肅穆哀靜。四時半靈柩移于臨時丙舍，俟治喪委員決定火葬日期。居夫人悲哀過度，一時昏厥，延醫診治後乃告復甦。中國旅行社程經理樹仁電告，英領館通知程氏允發入港證，約余明日上午往晤英領事。

11 月 27 日　星期二

上午十時半，偕程經理樹仁及申叔到英國領事館晤

領事。據云香港政府准余入境，未准申叔入境，比即簽
發余之入香證。經一再說明申叔赴港之必要，英領允再
函香港政府為申叔申請。近年來申叔運氣不佳，無一件
事可以辦通者，都是到最後一關發生變化。余決定一面
待申叔入港證消息，一面待居先生出殯後，再飛香港。
晚八時半出席居先生覺生治喪委員會議，決議十二月二
日上午九時至下午一時，假台大法學院舉行公祭。當日
下午三時出殯，四時舉行火葬禮。

11月28日　星期三

上午訪丁鼎丞先生，他新由日本醫病歸來。上午杭
立武兄過訪。據云下星期一起身，經香港再赴歐州接洽
英國外交，然後經由美國、日本返台灣。

11月29日　星期四

今午十二時卅分蔣總裁在台北賓館約評議委員談
話，並午飯，余準時前往參加。餐後余與蔣談話：
（一）我擬下星期三或星期四赴香港，很快回來。我
　　　到港後，許汝為一定知道的，所以我擬與之見
　　　面。我們在道義上、社會觀感上，應對汝為有
　　　所表示。蔣曰你由香港回來再說。我又曰如能
　　　做到汝為來往台灣、香港之自由，則外面觀感
　　　當為之一變。
（二）我對于當前黨務調整之意見：以總裁為重心，
　　　以總裁運用方便為原則，使青年同志可以出
　　　頭，原中央委員不失望。蔣曰辦法如何。答曰

有辦法。蔣曰請寫出來。答曰我不便寫，可交
他們研究。蔣曰交那個研究。答曰交主管此事
者研究。

（三）陳靄士先生貧病交加，擬請將他國策顧問待遇
恢復。

11 月 30 日　星期五

午後三時半至總統府出席黨的小組會議。小組長王
世杰辭組長，共推端木鑄秋（愷）繼任小組長。又討論
本小組中心工作，均認為應討論黨政大的問題，即向上
級建議。晚間程教育部長過訪，暢論教育問題。

12月1日　星期六

現在極盼申叔入港證可以即日辦妥。晚間偕伯雄看電影。

12月2日　星期日

今日居覺生兄舉行公祭，並火葬。余上午九時至台大法學院參加公祭，下午二時四十分參加治喪委員啟靈公祭，三時半送靈柩至火葬場火化。中午十二時蔣老太太約我與申叔便飯。晚六時半旅行社程經理樹仁偕其幼子，約我與申叔照相，我們又約他父子在粵萊館便飯，飯後一同到程宅商談申叔香港入境證。蓋我們出境證將至本月十日滿期，而申叔之役男出境證亦是到十一日滿期，我決定下星期四飛港。至關于申叔赴港，請程經理特別設法，程允再向英領事交涉。

12月3日　星期一

原擬乘本星期四民航機飛港，據旅行社云，星期四無民航隊飛機，因此須星期五起飛。程樹仁兄又云，與英領交涉申叔入港證事，英領再去電港英政府。據領事云，申叔台灣出境證至十一日滿期，可能在此期以前設法與之飛港，但必須港政府有所決定也。

12月4日　星期二

本日上午旅行社程經理來電話，英國領事已得港政府許可，發給申叔香港入境證，囑明日晨赴領館辦理簽證手續。申叔終能隨余赴港，非常快慰。申叔並云由港

回台，專心作畫，準備畫展，更令我心尤為歡喜。

12 月 5 日　星期三

申叔上午十時由程經理樹仁陪同到英國領事辦理入港簽證手續，比即完成，擬乘明日香港航空班機赴港。程經理之熱心與努力，令人感佩之至。

12 月 6 日至 19 日　星期四至三

余于十二月六日中午十二時半，偕申叔乘香港航空公司班機，由台北飛香港。至十二月二十日上午九時（星期四），余仍乘該公司班機飛返台北。來往共十四日，在此期間未作每日日記。至此行任務已在十二月六日以前記載，茲將此兩星期較大事件回憶節錄于後。

一、余與陳光甫兄多次晤談，多次聚餐。他出國事，因銀行手續未完，短期不能成行。我個人希望款項亦不能達成目的，使我大大的失望與煩燥。我與光甫等談話，感情非常衝動。我為生活計，心緒頗感不靈。

二、我此次來港，原定不露身分，不料至十二月十日，星島晚報忽發表我抵港消息，繼之香港其他報紙亦多推測之詞，紛紛登載。益以香港共黨異常活動，使我行動大感不便，並有許多報紙登載我住在陳光甫家，因此光甫等亦感受威脅。茲將香港各報較為重要新聞剪下黏于後，多係捏造謠言，真正可笑。

三、我為避免記者是非與共黨威脅，遂于十一日清晨搬到章兆植（樹森）家暫住。我與兆植素昧生平，

係由倪超凡、吳鑄人兩兄介紹的。倪、吳兩兄熟習
港情，曾云禮老到港，必須有一個安全地方居住，
所以介紹章府。夢想不到，乃能大大得用，大大便
當。據兆植云係安徽銅陵縣人，久住南京，父（號
厚之）是滿清舉人。回憶我于民國元、二年任南京
警察總監時，厚之是南京地方協會紳士，與我時常
見面。此次與兆植初次見面，因與伊父素來認識，
執禮甚恭，彼此歡洽。兆植在南京金陵大學畢業
後，留學美國，外文很有根底，回國後即在中央黨
部服務，隨朱騮先辦事，曾于抗日期間任南京地下
黨部主任委員，頗有成績。此人身體強健，辦事機
密而迅速，年四十餘，確係少壯有為之人才。我在
港深得伊之幫助。伊夫人復旦大學畢業，甚賢能。
他夫婦二人招待殷勤，十分感激。

四、十二月十三、四日兩次與許汝為兄晤談，並聚餐，
計經過八小時之談話，未得結果。我首先問他，今
年春兩次去函約我來港，有何賜教。許曰那時請
你商量國事，現在事過境遷。我請他來台灣，他不
接受，並對蔣總統很多不滿之言。許說美國人與他
有來往，日本商人來往香港亦多與他見面，對日本
有把握。許最近情緒不佳，因其長公子任某輪船公
司經理，發空頭提單被人告發，經香港政府拘捕審
問，拒絕交保。

五、此次有陳芷町、李宇龕日常陪我閒談，又有彭君毅
等供給各方情報，深為感謝。

六、我與申叔香港入境證只許居留兩星期，至十二月六

日期滿。我決定如期離港返台，而申叔因診病，並
與光甫等接洽款項，以及蒐羅繪畫材料，必須延長
日期。大家都認為延期不容易辦到的，尤以中國旅
行社一般人認為事不可能。香港一般商人畏懼港政
府，有如老鼠畏見老貓，真是可笑之至。不料申叔
由其台北友人陳君介紹香港友人馮君，即由馮君陪
同申叔至移民局，晤其負責者，毫不留難，延期一
個月，殊出一般人意料之外。申叔過去運氣太壞，
無論辦什麼事，都是到重要關鍵發生阻礙。這次來
港，出境、入境已費九龍二虎之力，幾乎不能成
行。今者以最不麻煩，又最順利，痛痛快快延期一
個月，抑氣運轉佳，從此否極泰來乎。

七、港九一般情形

　　1. 共黨利用在港各項公開機關，極為活動。

　　2. 一般人民之觀感，對于共黨深惡痛絕，對于國
　　　民政府遲遲未能反攻大陸，頗為失望。

　　3. 資本家及工商界騎牆觀望，不來台灣亦不返大
　　　陸，大多計劃往南洋及南美。

八、對于所謂第三勢力之分析

　　甲、第三勢力過去之情形

　　　　（1）本年二月十三日以前，許汝為兩次發表
　　　　　　談話並請客，其經費係由前中央航空公
　　　　　　司總經理陳作霖捐助港幣三萬元。

　　　　（2）二月十二日以前，有嶺南大學校長美國人
　　　　　　某介紹某美人來港見張發奎，張轉介見許
　　　　　　汝為，張又約顧夢餘、童冠賢、李璜，連

許及張一共五人與美代表談話。美代表說明不是代表政府，是代表美國人民反共，希望中國反共有個接合，希望中國反共領袖們一律參加，提出五點意見：

（子）反共集體領導，不是個人的。

（丑）希望真正民主，現在應建立民主基礎。

（寅）美方可以供給基地。

（卯）美方可幫助訓練幹部。

（辰）美方可以供給武器、金費等等（以菲律濱為基地）。

（3）與美代表談話後，許、張、顧、李、童五人外，加入張君勱、左舜生、上官雲相、黃旭初、張國燾、彭昭賢、伍憲子七人，擬以此十二人為中心舉行會議。許汝為要求增加方覺慧、梁寒操、胡宗鐸、張任民四人，張發奎反對，因此會議不成。

（4）反共組織不成，美代表失望回國報告，提出三點有：（子）勸解；（丑）放棄；（寅）個別洽辦。

（5）到最後，再找張發奎。張主張在未到基地之先，許汝為不必參加。又有人主張在未到基地之先，黃旭初、左舜生亦不必參加。

（6）到四月間，除君勱不在香港，召開八人會議（張發奎、顧夢餘、童冠賢、李璜、伍憲子、上官雲相、張國燾、彭昭賢）。

美國代表三人亦參加，並說明一切由你們
自己，美國不干涉，要美國幫助也可，要
美國參加也可。美國人問要不要李宗仁參
加，如果參加，不能用李宗仁副總統資
格，要一律平等。彭主張不能參加。又推
張發奎、顧夢餘、伍憲子三人經常辦理會
事務。

（7）張、顧、伍開始辦理前往菲律濱人員名
單，三人發生意見，名單開不出。到七月
菲方變化，拒絕入境，張等請以日本為基
地，美方許可。俟內部仍鬧意見，日本基
地又發生變化。

（8）許汝為、張發奎不合作，張發奎、顧夢餘
亦貌合神離，李璜、左舜生不合作，張君
勱、伍憲子不合作。廣東、廣西不合作，
廣西內部又有意見，黃旭初、夏威擁李宗
仁，張任民、徐企鳴反李宗仁。

乙、所謂第三勢力之現狀

（1）現在組織很難成功，即成功亦不能發生
大力量，也可能因組織產生新力量。倘
或一部份人到菲律濱或日本有所組織，
發表宣言，則影響較大。現在內部對于
赴菲、赴日本意見，尚未能一致。

（2）獨立論談係甘家馨、黃宇人、童冠賢、
顧夢餘等所主辦，中國之聲係涂公遂、
張國燾、吳藻池（代表張君勱）、李微

塵（代表張發奎）等所主辦，自由戰線
係謝澄平所主辦，再生係張君勱等所主
辦。以上四刊物經費皆美國接濟的。

（3）美方在現階段，因彼等不能團結，興趣
不高，分頭個別洽辦，所以有以上刊物
之發行，仍擬成立反共團體之組織。

（4）美國人深知靠台灣力量反攻大陸是不
夠的，已在琉球及菲律濱訓練中國青年
幹部。

（5）美國想找彭昭賢、左舜生、張國燾、上
官雲相、張君勱等有所組織。

（6）英武學會係方覺慧等發啟，後逐漸為張
發奎所吸收，基幹係調景嶺份子。現由
美方陸續選送琉球等基地受訓。

（7）將校團極機密組織，以鄧龍光等為幹部。

（8）周天賢前青年團中央幹事（桂系），為第
三勢力負責滲入「青年反共抗俄救國會」
工作，辦理選拔赴基地受訓人員事宜。

（9）張國燾等之主張，不反蔣，但反對現行
之制度和作風。據張國燾說，張發奎亦
是如此。

（10）【前缺】周天賢、甘家馨、黃宇人、涂
公遂等最頑固，陳伯莊等則較易搖動。

（11）謝澄平原係青年黨，對張發奎、顧夢餘
決不合作。聞美方對謝方之津貼已減少。

（12）英政府對第三勢之態度，討厭、吃醋（第

　　　　三勢力倚仗美國人）。

（13）第三勢力較為動搖份子，如陳伯莊、彭昭
　　　　賢、張國燾等之意見，對于台灣之希望，
　　　　英美式的民主政治，接受批評，容納反
　　　　對派。

（14）張君勱的話：要向台灣要民主和自由，
　　　　必須要有力量，要有力量，港九人（指第
　　　　三勢力）必須團結。

（15）調景嶺難胞情形，目前大部份態度已變。
　　　　英國殖民大臣來港時，英方有人建議將調
　　　　景嶺難民抽選組成華僑義勇軍，開往馬來
　　　　亞剿共。該大臣已接納此議，並已開始
　　　　登記。

（16）第三方中人士，凡屬桂系份子，如周天
　　　　賢、童冠賢、程思遠等，輒欲鼓動「反
　　　　蔣」風潮，但其中非桂系人員則不欲。

丙、【缺】

　　　　所謂「第三勢力」，醞釀兩載，迄未能完成。
　　　　其組織近來由于美國方面之鼓勵培植，已陸續
　　　　選拔相當數目人員前赴琉球及菲律濱兩處基地
　　　　參加受訓。此外並已在港刊行三種定期刊物，
　　　　標榜反共、反台，頗有淆亂聽聞之虞。目前美
　　　　方對于第三勢力內各派系採取個別領導的方
　　　　式，惟伊等仍正醞釀統一組織。如美政府可能
　　　　同意，或將陸續前往菲律濱或日本有所動作。
　　　　默察伊等目前經濟既有美人支持，退路亦似有

佈置，則幻想自多，故趾高氣揚，一時尚不易
有所變化也。

根據上項分析，另作書面報告，陳蔣總裁。

香港很多報紙，登載余到港消息，多是捕風捉影。
茲剪數則黏于後。

十二月十日星島晚報
蔣介石智囊人物吳忠信自台抵港
探查留港桂系有何反應
本報專訊

國民黨政府總統府資政，蔣介石之重要智囊吳忠信
氏抵港，寄寓於某華資銀行總經理之公館。

吳氏此行負有特殊任務，主要在探詢李宗仁發表
「倒蔣」談話後，留港桂系與第三勢力之反應及真實
狀況。

吳氏連日分頭約見桂系留港人物，並傳達台灣當局
對彼等之關懷意旨。惟桂系人物對李宗仁此次發表倒蔣
談話，均保持緘默。

據記者查悉：桂系人物在台，已形成分崩離析之
勢，並分為三大派系：其一為以白崇禧為首之土著派；
次為以石覺、羅奇等為首之中央派；再次為邱清渭、
黃雪邨為首之所謂「投降派」。力量渙散，未為當局所
重視。

從吳忠信與蔣關係談來港使命

最近由台灣來港之蔣系元老吳忠信氏，據新聞報導其使命有二：一為拉攏桂系留港諸人；二為分化第三勢力。甚至有說吳氏此來，攜有鉅金，以供點綴，究竟如何，尚無可靠之證實。但以吳忠信與蔣介石關係之深切，與吳氏多年來為蔣拉攏各派系之成績看來，吳氏久已長於此縱橫術，相信葫蘆中必有妙算。不過時代推進，政治上一切佈局，今昔殊異，若仍以十年、廿年前手法，用諸白雲蒼狗百倍於前之今日，吾人對此老此行之收獲，不能無疑問也。

吳氏與蔣交誼當有四十年，不僅政治上關係，且可稱得起託妻寄子生命之交。蔣與宋美齡結婚後，其撫養蔣緯國之「姚氏夫人」遷居姑蘇，即由吳忠信代為照料，蔣緯國幼年教育，亦由吳延請名師，在蔣宅教讀。姚婦雖不參加公式交際，然三吳人無不知為「蔣夫人」是也。以是吳在蔣處不為宋美齡所喜，吳不以為意，蔣對吳更莫逆於心。

吳氏在北伐成功後，為蔣出力而有甚大之表現者，一為段祺瑞及其一系附蔣，一為桂系李宗仁與蔣數度之離而後合。段為北洋重鎮，又係蔣之老師，吳與段為合肥同鄉，經王揖唐等之居間，段與蔣始有信使往來。在日本侵華北最積極階段中，段合肥竟接受蔣之邀請由津遷滬，以絕日人企圖利用之陰謀，吳忠信奔走之功，為不可沒。

北伐底定，南京軍人派系，旗幟分明。十六年蔣下野後復起東山，以完成北伐為號召，首須拉攏有力之桂

系。吳乃與桂系政客王乃昌結合，請增設四集團軍，以
總司令畀李宗仁，與蔣馮閻並駕齊驅。榮命頒來，不
獨李受寵若驚，即白健生聞訊，亦詫為異數。其後蔣李
離合，覆雨翻雲，一而再再而三，吳處境之難，可以想
象，但每屆蔣李合作，其中均不無吳之彌縫，李代蔣總
統，吳對府秘書長，力辭始獲准，其去就之義殊多稱
許，吳對蔣李間之關係輕重，可思過半矣。

　　吳忠信在西南亦甚久，與粵中軍政耆宿均有舊，兩
廣人士稱第三勢力者，與吳情感均不惡，蔣系中可任此
通聲氣之役者，舍吳外尚不易得。吳之此來，自不能不
謂為負有此任務，第三勢力在港亦僅有「影子」，而無
組織，衰衰諸公，互不相下，支援背景，又動搖無定。
自某某黨某老赴台報密以後，參加者憤慨之餘，咸具戒
心，吳氏在此時出面，或且有爭取時機，乘虛而入之妙
算，亦未可知。至李宗仁在美發表談話，如僅為「毛
案」，則小題大做，無足重輕，若另有背景，或先得美
人士之諒解，則今後發展，亦堪注目。但在港系桂似已
無王乃昌其人，對李亦殊少左右能力，吳氏此來，當不
致「大題小做」也。

免為外在情勢影響地位
台灣策劃自力復興
民心士氣俱佳前途殊為樂觀
吳忠信返台灣前告香港友人
本報特訊
　　在香港掀起新聞界甚多猜測之吳忠信氏日前已悄然

返台。

　　各方對吳氏之來，報導各異，據前曾任國府部長之某氏透露：吳此來實為私人事務，本年春間，吳氏即擬來港探視親友，未為蔣總統所允，近者吳氏之次公子在港患病，兼以各友好紛函相邀，吳氏始請准作香港遊。

　　惟吳氏抵此之初，報章對渠之行動，多所猜測，吳氏本擬遍訪留港九各舊友，以消息傳播，恐滋人誤會，增加友人之不便，乃稍斂其行蹤，惟對二三至友，則暢論台灣政情，皆無避諱。吳氏與蔣總統為布衣之交，感情數十年如一日，北伐前，蔣任許崇智軍之參謀長，吳則任該軍旅長，蔣許間凡有不恰，均由吳從中介說彌縫。茲後蔣風雲際會，對內部人事間偶有隔閡，吳均為奔走關說，剛柔相濟，蔣總統倚為重要臂助，故吳氏對台灣各種內幕，均瞭如觀掌。據渠談：台灣當局目前最感憂慮者為地位問題，儘管保證甚多，惟國際間風雲變幻，凡事均難于逆料，是以政府正著重于自力支撐及復興，期使台灣之命運，不致為外在情勢所左右。

　　至於民心士氣方面，年來士氣確比前進步，經過整訓後之軍隊，已恢復自信，且因共軍在大陸之暴行，益增國軍同仇敵愾之心。而民間情形，以經濟生活尚稱穩定，故亦能相安。從這方面觀察，台灣前途，殊無悲觀之理。

入境證辦法將有所改善　台港人士隔閡正求消除

　　至於香港人所關心的台灣入境證問題，蔣總統亦曾考慮廢棄，但因在嚴密管制之下，共諜案仍層出不窮，一旦廢棄，則有不勝防範之苦，故不得不因噎廢食。惟

入境辦法最近將有所改善。

關於台港間觀念上之分別，吳氏亦至重視，由於所處環境及生活之不同，在反共大前提下，見解有異，致相互攻訐。吳氏此次在港接觸人士雖不多，惟已深知其弊，返台之後，對于反共陣營之團結，或能有所助益。

吳氏眷屬在港者有公子二人，長者已受業，次公子在病中，另有女公子一位亦在港，並擅繪事。

吳氏返台度新歲後，仍將再度來港一行，屆時或將有新任務。本報前傳吳氏攜巨款來港，實為傳聞之誤云。

十二月廿七日
吳忠信到香港來做什麼？

包亦宏

吳忠信在香港與各方面人士都會過面，吃過飯，也一同研究過當前與未來局勢，想不到大家對他的反響是：我們並不是不願意跟台灣走，但可惜「吳禮卿來得太晚了。」

台灣國民政府資政吳忠信，從十二月八日到香港，停居在上海銀行陳✕✕家中，從事去年繼雷震、洪蘭友的「拉攏活動」。終於成績不錯，鄉誼前輩許世英氏（按吳為皖人，與許同鄉，平日尊許為前輩）經他多日的促請，居然沒有給葉譽虎拉往北京（按葉赴北京後，一度函請許氏赴京），而於十四日毅然飛台了。雖然大任務沒有完成，但亦可馬馬虎虎交差了事。許世英氏居港多年，久已脫離了實際政治，此番赴台仍就任他過

去已經做過的高等顧問，自然，這在台灣說來，亦一大功也。

吳忠信這一次到香港來，究竟攪些什麼把戲。在下這裡先得要說一說吳在蔣家政治圈子內的地位。吳和蔣的私交不在蔣與張羣交誼之下，只是吳的政治潛力趕不上張羣號召力之大。吳在國民黨裡始終沒有自己建立派系，也沒有加入任何派系。他在這個政治圈內，一如雲閒野鶴，隨時可以相處，除與孔宋關係比較差些（留待本文後段敘述）外，他如桂系、皖派與元老派都攪得相當好。自然，他自己也上了這大年紀，政治根底也相當淵源，和別人都夠得上說話，別人對他說的話也都覺得不是沒有份量的。於是便在這種情形下，和談以後息隱的吳忠信便「出籠」了。

誰都知道蔣介石玩政治有他的一套，今天袋中取出那個人，明天袋中換了這個人。李宗仁在美國上月發表了那段「正統總統」的談話後，留香港的桂系和攪第三勢力等人，不但感到「興趣」，而且有「躍躍欲試」之勢。那些人便是以元老派為首的許崇智、張發奎，改組派的顧孟餘，桂系的程思遠等人。前面已經說過吳和這許多人都有一段淵源，平日自己又是以人和為至尚的。他和許崇智的關係還有長官與僚屬這一段，按在廣州大元帥時代，他是許崇智手下的旅長，曾率兵到過廣西、福建。抗戰時揚威於印緬戰場的衛立煌便是他部下的一等兵。

他和桂系進一步的關係是開始在抗戰時代。抗戰初期李白毅然飛京，繼龍雲而表面上歸順中央。第一任中

央派去的貴州省政府主席，雙方決定之下，乃以雙方俱
有友誼的吳忠信填充。吳自己也非常知趣，他去貴陽，
對桂系原班人馬，一個也不動，即連在省府當科長的程
思遠也非常重用。這個措施，原是給李德鄰、白健生
朋友的面子，自己每天在省府大樓奕棋談天，不問省
政，中央方面固然知道他的用心，李白方面亦非常吃
他的情份。

　　至於他和李宗仁的關係，還有一段可以一述。寧漢
合作以後，不久蔣李又翻臉，竟至兵戎相見，吳禮卿以
雙方友誼素深，乃從中作魯仲連，奔走和談，意見未被
蔣採納，他便出國漫遊。但李宗仁個人心中是一直忘不
了這位「好友」的。

　　好了，他憑著這許多關係，可以到香港去探探「行
市」了。台灣的目的是希望爭許崇智，取顧孟餘，分程
思遠。許崇智下面有兵力，非爭不可，顧孟餘有政治資
本，學說雄厚，宜乎取得。唯有程思遠等代表的桂系
已與台灣搞得水火不相容，爭不可得，取亦不能，於是
惟有用分化之策，冀圖一舉而擊破之。這是吳老到香港
去的最大的任務。他們也都會過面，一起吃過飯，也一
同研究過當前與未來的局勢，想不到大家給吳老的反響
是：「我們並不是不願意跟台灣走，但是可惜吳禮卿來
得太晚了。」為什麼說：「吳禮卿來得太晚了呢」？有
人說第三勢力已攪得快成形了。

　　據關係方面傳出來的消息，精神上追隨許崇智的
「鐵軍」領袖張發奎，有願摒擋一切，準備赴台共赴國
難之說。他如顧孟餘與程思遠等人還是「我行我素」，

「行市不稱，無法成交」。總結吳這一次的活動和他過去幾次活動相比，實在算是失敗的。要說成功，頂多只好說把元老派為首的許崇智拉了過來。

　　吳忠信與蔣訂交，是早在清末遠遊日本，住在東京澀谷區，加入同盟會時開始。那時一起玩的有陳英士、戴季陶。後來陳英士做上海都督，他與蔣分任參謀，關係更為密切。北伐成功，他出任監察委員，家居蘇州十全街。十六年蔣宋結婚，蔣把前妻毛夫人放在奉化，陳夫人擺在蘇州。那時陳夫人住在蘇州南園，蔣緯國在蘇州東吳附中念書，由陳夫人帶領。蔣因吳忠信家居蘇州，便把他們交托給吳忠信照顧。緯國看見吳忠信非常怕的，他看見吳忠信一定站得恭恭敬敬，口稱：「老伯」。吳對他也以子侄看待。

　　吳這一次到香港，住在上海銀行陳✗✗家中，也不是沒有淵源的，他在出國時期，到歐洲有前駐法公使吳晉任通譯，到美國有陳光甫為通譯。以這兩個闊老來做他的翻譯，也無怪吳老自豪：「不通洋文，而行天下」。還都以後，他便由老友陳光甫之慫恿，復興中孚銀行，由吳自任董事長，成立了金融界的新安徽系。當時江浙系的錢新之、杜月笙都非常捧他。頭寸方面只要「禮卿大哥一句話，莫不照辦。」吳禮卿人之和者也。

　　按吳忠信字禮卿，安徽合肥人，現年六十八歲，江南陸軍學堂畢業。禿頂無鬚，身材魁偉。戴一副白邊近視眼鏡，說話聲音宏亮，態度誠懇，一望便知是一位和藹可親的仁厚長者。平日喜詩酒自娛，自己復能寫得一手好字，但不常為人書寫。

吳忠信近照

（不知從何處找出這張很舊照片，可笑。）

【編註：吳忠信於剪報上自記】

特使吳忠信飛港內幕

側面消息

一月二日楊帆于香港

　　國民黨元老之一，曾經做過蒙藏委員會委員長，安徽、貴州、新疆省政府主席，總統府秘書長的吳忠信，自從于去年十二月初秘密抵港以來，轉瞬已歷三週，因其行蹤神秘，故此間一般人對其來港所負之特殊任務，益發揣測紛紜，莫衷一是。

　　吳係安徽合肥人，初與段祺瑞（即段合肥）相交甚深。自結識蔣總統後，與蔣總統亦有四十年之私誼。吳雖年老，但卻長於「內交」，尤擅作和事佬。段祺瑞之與蔣總統間有信件往送，係吳之功；而李宗仁在過去之與蔣總統離而復合，雖有桂系聞人王乃昌從中奔走促合，但吳居間調停勸說，亦厥功甚偉。故每遇蔣李之間

有意見發生時，吳忠信輒脫穎而出。同時，吳與粵中諸將領之間，亦有歷史淵源，故眾信：吳氏此次來港所負任務，不外下列各項：

（一）拉攏桂系留港人士，使能返臺歸隊，並經由香港方面之桂系人士，合力勸請現在美國之李宗仁氏，能立即停止反對蔣總統，重新合作，全力反共。此可由吳氏抵港後，立即與香港新生晚報社長黎 ✗（渠係李宗仁之親信，該報即係李在港之喉舌）通電話，調查夏威、程思遠等人之住址，俾便往訪一事，即可窺知。

（二）聯絡第三方面人士：現在在香港，祗有第三方面，而無第三勢力。即有，亦係一些想搞第三勢力之「光桿」而已。因吳自抵港後，即頻頻訪晤張發奎，以及黨國元老許崇智等人即可窺知。惟當彼訪晤前中大校長顧孟餘時，卻為顧所拒見，殊深扼惋。

（三）調停青年黨之爭：青年黨之黨爭，迄仍未息，若長此不休，實為一最不幸之事。因是，吳氏抵港後，即不斷與李璜、左舜生、謝澄平等人，一再磋商，希望能打開該黨紛爭之僵局。

據悉：吳氏此來，或在抵銷前此張治中于去年十月間抵港「遊說」一些所謂「民主人士」之作用。惟一張一吳，雖同為皖人，同為顯要，但一個向北平獻媚邀功，一個卻矢志不貳，為國為民，一忠一奸，剖若霄壤。

現吳氏以任務業已大致告一段落，擬于最近期間，

離港返臺報命。

（根本未去約見顧孟餘等，都是謠言，可笑。）【編
註：吳忠信於剪報上自記】

12月20日　星期四

午十二時半由香港飛抵台北，倪超凡、周彥龍到機
場迎接。麗安偕光叔昨日由台中來台北，因光叔患黃疸
病，特來台北延醫診治。

12月21日　星期五

此次赴港來往計兩星期，精神與身體均受損失，回
台後身心較安，而今日感覺非常疲困。擬予休息時日，
當可恢復。

12月22日　星期六

今晨電總統府第一局副局長曹聖芬兄，請轉報蔣總
裁，我已由港回來，俟總統有暇，擬晉謁。曹答曰即代
轉陳，惟總統連日正在檢閱軍隊云云。中國旅行社程總
經理樹仁過訪，余很感謝他代為辦理赴香港手續。

12月23日　星期日

午後三時半許靜仁先生過訪，他新由香港移居台
北。許老皖志德縣人，年七十有九矣。訪顧墨三諸兄。
今日（廿三）午前偕麗安、光叔赴淡水看故友吳少祐兄
如夫人郭梅貞女士。他現隨兄嫂度日，惟年事尚輕，常
久似非所宜。

12 月 24 日　星期一

午後偕昆田回拜許靜仁先生及堯樂博士等。堯樂最近與一位廿三歲城都女士接婚，而堯年已七十餘。

12 月 25 日　星期二

第一屆國民大會聯誼會，本日（廿五）在台北中山堂舉行四十年度年會，余被推為大會主席團，計到各省市及海外邊疆在台代表約近千人。上午、下午開兩次大會，情緒異常熱烈，其秩序之整齊，若與昨年年會相比較，不可同日而語。兩次大會各代表討論提案，其中最要者罷免李宗仁副總統案，決議原則通過，交幹事會搜集資料，繼續完成手續，依憲法辦理。又討論立法院任期屆滿案，決議原則通過，交幹事會研究具體辦法，建議政府依憲法辦理。又建議政決定十二月廿五日為憲法紀念日等案。蓋自昨年三月一日，蔣總統復職，李副總統聽宵小讒言，在美國發表反對言論，近更變本加厲。此次主席團開會時，白建生（崇禧）與余談及李氏，不以李氏舉動為然，擬即發表公佈痛惜李氏之謬論，願國人秉承蔣總統領導，以盡國民天職。白氏此種表示，在公私兩方均應如此，因此深得各方面之同情。

12 月 26 日　星期三

本日上午分別接見陳啟天、蔣公亮、蔡孟堅等。陳啟天係談青年黨分裂事，希望我從中斡旋。余表示一向對青年黨取超然態度，就是國民黨亦是取超然態度，我們自始至終希望青年黨團結，我們定當從旁幫助一切

也。蔡公亮係雲南人，現任立法委員，文武兼資的人
才，此次來談雲南當前一般軍政情形。蔡孟堅曾任蘭州
市長，新由日本考查回來，談談日本情況。晚七時偕麗
安到中山堂參加國大代表聯誼會晚會，其節目顧正秋劇
團京劇，及國樂大演奏，及台北女師之舞蹈等等。

12月27日　星期四

　　光叔患黃疸病，經中心診所丁農醫師診治。先檢
查，用去將六百元，後配方，用去八百餘元，醫藥之
貴，不易負擔。俟麗安仍不放心，又請朱仰高醫師診
治。朱認為不需用丁之配方，另開藥方。丁、朱兩位都
是當前名醫，其診斷不同有如此者，殊令患病者莫名其
妙，結果改用朱方。總而言之，病甚輕微，祇因麗安愛
子心切，誠不免小題大做。陸軍孫總司令立人午後六時
過談，表示環境困難，擬請辭職。余答曰你如辭職，蔣
總統不會批准的，反使人家誤會你要脅政府，更使國際
間，尤其是美國對政府有不良反應。古人有言「上台容
易下台難」，你現在求退是很不容易的，就是退亦要有
退的技術。我勸你以國事為重，忍耐一切。

12月28日　星期五

　　麗安偕光叔乘上午八時半車回台中。已廿餘年不見
面老朋友孫養臞先生，今晨忽過訪。他住在女畫家孫多
慈家，多慈是他的女公子。午後六時李崇年陪雲南立法
委員裴存藩兄過談。裴認為雲南機會很多，惟各方意見
太多，尚待疏解。

12 月 29 日　星期六

前貴州省黨部委員周達時午後三時過訪。晚七時周佩箴兄夫人來說，佩箴有病，據醫云係肝癌症，同時足腫、服瀉，情勢可慮。周夫人又云，佩箴現任交通銀行常務理事，擬兼任該行台北紗廠董事長，託我說話。

12 月 30 日　星期日

交通銀行總經理趙淳如兄上午過談。據云該存在菲律濱交通銀行有美金四、五百萬元，祇因限于該國外匯之管制，無法動用。至西貢等分行尚能聽總行之指揮。至該行所辦的台北紗廠及毛絨廠均有進步。交通銀行之每月開支決無問題，惟人事複雜，很難應付。駐巴拿馬大使鄭震宇午後四時過訪。據云政府將留他在中央服務，他很感失望，問我何故。答曰你必定此次回國，道經美國，晤國務院負責人談話。此間發生誤會，我勸他達觀。

12 月 31 日　星期一

日月如梭，時不我與。民國四十年已至最後一日了，此一年中，就國際言，美蘇大戰雖未暴發，而明爭暗鬥，更趨積極。韓國戰事，停戰談判，前途渺茫，一面談一面戰，已數月之久，美方漸漸明瞭和平無望。就國內言，大陸同胞犧牲者不知許許多多，台灣比較安定。就我個人言，春間右眼忽起黑影，現尚未全愈，夏秋之間頭忽發暈，繼之發熱咳喇，而家人亦多生病，醫藥用費過多。惟本年時間較為閒空，對庸、光兩兒得以

管教，尚有收穫。最使滿意者，馴叔在美生子美外甥，
與夫申叔繪畫進步。明年今日公私形勢如何，值得多方
注意也。

四十一年一月三日上蔣總裁香港之行報告書

四十一年元月三日中午十二時，余到台北賓館參加
中央評議委員談話，並午餐。席間蔣總裁詢余香港情
形，余因未準備在席間說話，只得就香港一般情形，以
及所謂「第三勢力」過去之情形，簡單說明。餐後陳香
港之行書面報告，總裁再留面談，余即根據報告書再為
說明，結果異常圓滿。

香港之行書面報告錄于後：

甲、港九的一般情形

一、共黨利用在港各項公開機構，極為活躍。

二、一般人民的觀感：

（1）對共黨深惡痛絕。

（2）對于國民政府遲遲未能反攻大陸頗表
失望。

三、資本家及工商界：

（1）騎牆觀望，不返大陸，亦不來台灣。

（2）大多數計劃往南洋或南美。

乙、所謂「第三勢力」之現狀

一、迄未能完成組織：一群烏黑之眾，各有門戶之
私，不能團結。但仍醞釀組織。

二、首腦人物趾高氣揚之原因：

（1）美方經濟支援。

　　　（2）美方有為佈置退路之說，聞必要時退往

　　　　　日本或菲律賓。

　　　（3）對政治前途尚有幻想。

三、美方現已改個別領導的方式。

四、多數反對李宗仁。

五、已表面化的活動

　　（一）基地訓練：

　　　（1）吸收內地流亡來港人士。

　　　（2）吸收港九知識青年。

　　　（3）基地分在瑠球和菲律賓兩處。

　　（二）在港發行四種刊物：

　　　（1）中國之聲。

　　　（2）再生。

　　　（3）獨立論談。

　　　（4）自由戰線。

六、美方津貼，每月約為兩萬美元左右（青年黨謝

　　澄平方面經費尚在外）。

丙、第三勢力將來可能之發展與轉變

一、可能有曇花一現之組織，而後消沉、渙散、

　　消滅。

二、可能因美方之支援，第三勢力得群集日本、菲

　　律賓而有所表示。

三、最後可能的轉變

　　　（1）一部份人轉變為美方情報人員。

　　　（2）新黨派之出現。

　　　（3）一部份人或復回本黨懷抱。

丁、我們的對策

　　一、對他們的活動，不必重視，亦不必攻擊。

　　二、表示對他們個人歡迎參加反共。

　　三、精密持續觀察（港九工作切實加強）。

　　四、經常注意，並分析這般意見和批評。如遇有合
　　　　情合理者，我們不妨主動去做。

　　五、基地訓練一事，必須作深入了解。

　　六、積極吸收優秀份子，及其中知識青年來台工作。

民國日記 75

吳忠信日記（1951）

The Diaries of Wu Chung-hsin, 1951

原　　著	吳忠信
主　　編	王文隆
總 編 輯	陳新林、呂芳上
執行編輯	李佳若
封面設計	陳新林
排　　版	溫心忻

出　　版　　開源書局出版有限公司

香港金鐘夏慤道 18 號海富中心
1 座 26 樓 06 室
TEL：+852-35860995

民國歷史文化學社 有限公司

10646 台北市大安區羅斯福路三段
37 號 7 樓之 1
TEL：+886-2-2369-6912
FAX：+886-2-2369-6990

初版一刷　2021 年 8 月 31 日
定　　價　新台幣 350 元
　　　　　港　幣　95 元
　　　　　美　元　13 元
I S B N　978-626-7036-10-5
印　　刷　長達印刷有限公司
　　　　　台北市西園路二段 50 巷 4 弄 21 號
　　　　　TEL：+886-2-2304-0488

http://www.rchcs.com.tw

國家圖書館出版品預行編目 (CIP) 資料

吳忠信日記 (1951) = The diaries of Wu Chung-
hsin, 1951/ 吳忠信原著 ; 王文隆主編 . -- 初版 . --
臺北市 : 民國歷史文化學社有限公司 , 2021.08

　面 ;　公分 . -- (民國日記 ; 75)

ISBN 978-626-7036-10-5　（平裝）

1. 吳忠信　2. 傳記

782.887　　　　　　　　　　　110013449